OCULTO NAS PALAVRAS

DICIONÁRIO ETIMOLÓGICO
PARA ENSINAR E APRENDER

LUIS A. CASTELLO
CLAUDIA T. MÁRSICO

OCULTO NAS PALAVRAS

DICIONÁRIO ETIMOLÓGICO PARA ENSINAR E APRENDER

TRADUÇÃO
INGRID MÜLLER XAVIER

autêntica

"Diccionario etimológico
de términos usuales en la praxis docente"
Copyright © Altamira Editora, Buenos Aires, 2005

TRADUÇÃO
Ingrid Müller Xavier

REVISÃO
Cecília Martins

PROJETO GRÁFICO E CAPA
Patrícia De Michelis

EDITORAÇÃO ELETRÔNICA
Diogo Droschi
Conrado Esteves

Todos os direitos reservados pela Autêntica Editora.
Nenhuma parte desta publicação poderá ser reproduzida,
seja por meios mecânicos, eletrônicos, seja via cópia
xerográfica sem a autorização prévia da editora.

BELO HORIZONTE
Rua Aimorés, 981, 8º andar . Funcionários
30140-071 . Belo Horizonte . MG
Tel: (55 31) 3222 68 19
TELEVENDAS: 0800 283 13 22
www.autenticaeditora.com.br
e-mail: autentica@autenticaeditora.com.br

SÃO PAULO
Tel.: 55 (11) 6784 5710
e-mail: autentica-sp1@autenticaeditora.com.br

AUTÊNTICA 2007

Castello, Luis A.
C348d   Oculto nas palavras: dicionário etimológico para ensinar e aprender /
Luis A. Castello e Claudia T. Mársico; tradução de Ingrid Müller Xavier .
— Belo Horizonte : Autêntica , 2007.

152 p.

ISBN 978-85-7526-286-3

Título original: Diccionario etimológico de términos usuales en la praxis
docente

1.Etimologia-dicionários. I.Mársico, Claudia T. II. Xavier,
Ingrid Müller. III.Título. IV.Título: Diccionario etimológico de términos usuales en la praxis docente.

CDU 81'374.4

Ficha catalográfica elaborada por Rinaldo de Moura Faria – CRB6-1006

A Sofía e a Lucio,
sábios e luminosos

As palavras, matéria deliqüescente deste trabalho, impregnaram em boa medida a história longa e tecida de acasos que foi atravessando este texto. As palavras dizem tantas coisas que é quase impossível conformar-se com as tentativas de capturá-las com a rede paradoxal de outras palavras. Sem a coragem legendária de Walter Kohan, que lançou este texto ao mundo em fotocópias para os educadores, provavelmente continuaríamos obcecados, como Grand, aquele personagem de *A peste,* de M. Camus, que buscando a perfeição formal, nunca passava da primeira linha de sua novela impossível. Na pré-história houve uma longa série de participações, especialmente a de Antonio Tursi, que colaborou na gestação da idéia de um trabalho como este e, em uma primeiríssima versão, no amparo de uma pesquisa no âmbito da Secretaría de Ciencia y Técnica da Universidad Nac. de Gral. San Martín. Algum tempo depois, ressurgiu o projeto de ampliar os limites – e ambições – da caça de significados, com o auspício do Instituto de Investigación Manuel Belgrano do Instituto del Profesorado Sagrado Corazón de Almagro e nos trouxeram de novo ao tema os estudos sobre campos semânticos desenvolvidos no âmbito de um projeto "Ubacyt" da Universidad de Buenos Aires. A maior menção de gratidão vai para Teresa Stachuk, educadora paradigmática, que há anos labuta para que este trabalho fique pronto.

Buenos Aires, setembro, 2005

SUMÁRIO

Prefácio à edição brasileira   13
Prólogo à primeira versão em castelhano   15
Introdução   19
Critérios de ordenação de termos, transliteração e signos utilizados   31

O que é educar?

§ 1 Educar   35
§ 2 Ensinar   37
§ 3 Instruir   38
§ 4 Formar   39
§ 5 Transmitir   39
§ 6 Explicar   40
§ 7 Facilitar   41
§ 8 Mediar   41
§ 9 Iniciar   42
§ 10 Preparar   42
§ 11 Ilustrar   42
§ 12 Impor   43
§ 13 Guiar   43
§ 14 Orientar   43
§ 15 Doutrinar   44
§ 16 Professar   44
§ 17 Adestrar   44
§ 18 Exercitar   45
§ 19 Experimentar   46
§ 20 Dar   46
§ 21 Gerar   46

Quem estuda?

§ 22 Aluno   49
§ 23 Adolescente   50
§ 24 Discípulo   51
§ 25 Criança, infante, pueril   51
§ 26 Estudante   54
§ 27 Educando   55
§ 28 Colegial   55
§ 29 Ouvinte   55
§ 30 Menor   55
§ 31 Aprendiz   56
§ 32 Seminarista   56
§ 33 Estagiário   56
§ 34 Bacharel   57

Quem ensina?

§ 35 Docente   59
§ 36 Mãe   60
§ 37 Pai   62
§ 38 Tutor   63
§ 39 Mestre   63

§ 40 Professor	64
§ 41 Reitor	65
§ 42 Diretor	66
§ 43 Vice-reitor, vice-diretor	66
§ 44 Secretário	67
§ 45 Inspetor	67
§ 46 Pedagogo, psicopedagogo	67
§ 47 Preceptor	68
§ 48 Ministro	69
§ 49 Colega	69
§ 50 Cátedra, catedrático	71
§ 51 Ajudante	72
§ 52 Auxiliar	72
§ 53 Assistente	73

Onde se estuda?

§ 54 Escola	75
§ 55 Sala	77
§ 56 Colégio	77
§ 57 Academia	77
§ 58 Liceu	78
§ 59 Universidade	78
§ 60 Faculdade	79
§ 61 Departamento	79
§ 62 Instituto	79
§ 63 Estabelecimento	80
§ 64 Biblioteca	80
§ 65 Laboratório	81
§ 66 Conservatório	81
§ 67 Museu	82
§ 68 Turno	82
§ 69 Recreio	83

O que se estuda?

§ 70 Currículo	85
§ 71 Área	86
§ 72 Disciplina	86
§ 73 Matéria	86
§ 74 Texto	87
§ 75 Tratado	87

Nomes de disciplinas

§ 76 Filosofia	88
§ 77 Ciência	88
§ 78 Cultura	88
§ 79 Didática	89
§ 80 Matemática	91
§ 81 Língua e literatura	92
§ 82 Geografia	93
§ 83 História	94
§ 84 Gramática	94
§ 85 Física	95
§ 86 Química	96
§ 87 Biologia	96
§ 88 Música	97
§ 89 Ginástica	98
§ 90 Esporte	99

Como se estuda e se ensina?

§ 91 Estudar	101
§ 92 Planejamento	101
§ 93 Programa	102
§ 94 Conteúdo	102
§ 95 Estratégia	102
§ 96 Atividade	103
§ 97 Aula	103
§ 98 Esquema	104

§ 99 Projeto	105
§ 100 Tese	105
§ 101 Palestra	106
§ 102 Dissertação	106
§ 103 Exercício	107
§ 104 Prática	107
§ 105 Esboço	107
§ 106 Rascunho	108
§ 107 Tema	108
§ 108 Problema	109
§ 109 Prova	110
§ 110 Lição	110
§ 111 Avaliação	111
§ 112 Exame	111
§ 113 Curso	112
§ 114 Oficina	113
§ 115 Seminário	113
§ 116 Congresso	114
§ 117 Conferência	114
§ 118 Jornada	114

Alguns materiais escolares

§ 119 Caderno	115
§ 120 Pasta	115
§ 121 Livro	116
§ 122 Lápis	116

Por que e para que se estuda?

§ 123 Conhecer	119
§ 124 Gnose	120
§ 125 Aprender	120
§ 126 Compreender	122
§ 127 Saber	122
§ 128 Assimilar	122
§ 129 Entender	123
§ 130 Pensar	124
§ 131 Julgar	124
§ 132 Criticar	124
§ 133 Ignorar	125
§ 134 Encontrar	125
§ 135 Discernir	126
§ 136 Decifrar	126
§ 137 Opinar	127
§ 138 Considerar	127
§ 139 Penetrar	128
§ 140 Conceber	128
§ 141 Intuir	128

Referências	129
Índices	133
Índice de termos em português	134
Índice de termos latinos	142
Índice de termos gregos	147

PREFÁCIO
À EDIÇÃO BRASILEIRA

Há obras que encontram leitores dispostos e amáveis. Há também as que revelam sua boa estrela abrindo destinos insuspeitados, convertendo-se, elas mesmas, em outras para chegar a homens de outras línguas e tentar o desafio de dizer o mesmo com outras palavras. Mas, quando além disso a obra originária versa sobre as palavras que formam uma língua, o ato de transformação implica uma metamorfose incalculável e imponente, que mostra o modo como essas mesmas palavras têm suas irmãs gêmeas em outras línguas diferentes, mas infinitamente parecidas.

Outra vez, essa iluminação deve muito a Walter Kohan, que divisou a conversão dessa aventura auto-referencial da língua castelhana em uma experiência que apregoa a irmandade entre línguas de uma mesma origem. Um desafio como esse só foi possível com uma artífice que oficiasse a mutação com a maestria de Ingrid Müller Xavier que, como um Jano bifronte, soube olhar ambos os lados para encontrar as coincidências que lançassem a faísca do entendimento entre dois universos.

Já que essa alquimia se tece com as palavras da educação, do que deixamos às gerações que vêm, esperemos que para lá viaje a magia multiplicada, e que este rito propicie uma formação em que as duas línguas maiores que conformam a América Latina dialoguem para construir um espaço onde necessitemos as palavras para nomear coisas justas.

Luis A. Castello e Claudia T. Mársico

PRÓLOGO À PRIMEIRA VERSÃO EM CASTELHANO

Acerca das relações entre educação, infância e literatura

Gilles Deleuze afirma em *O Abecedário* (1997) que um escritor que merece esse nome não se interessa por sua infância, não faz história biográfica ou familiar ao escrever, mas busca devir-criança na escritura e, por intermédio dela, restaurar a infância do mundo. Assim, quer nos dizer que a operação da escritura a sério, de verdade, tem algo a ver com habitar outro modo de ser e também com dar vida a uma infância que já não pode ser entendida, ao menos não somente, como cronologia, mas como novo início, começo inesperado, linha que escapa aos modos de ser e de escrever dominantes. Escrever a sério, de verdade, significa aqui um ato de criação, de transformação, revolucionário.

Assim entendidas, a literatura e a infância são companheiras. A literatura propicia a infância. A infância, como o estrangeiro e tantas outras figuras da alteridade, é condição e alcance da literatura. Podemos escrever porque estamos na infância e escrevemos para habitar e dar vida a uma infância.

É possível que a muitos leitores não lhes digam nada esses dois primeiros parágrafos. Porém, também é possível que a muitos outros, sim. E é possível que alguns destes, que se sentem interpelados por esse modo de estabelecer relações entre a infância e a escritura, sejam educadores, profissionais ou *amateurs*, isso não importa muito. Em qualquer caso, são pessoas que pensam que o que fazem tem algo a ver com a escritura e a leitura, com escrever e ajudar a escrever, com ler e ajudar a ler, com ver a infância não como aquilo que tem de ser abandonado, mas como aquilo a partir do que um novo início pode ser encontrado, em educação e em tantos outros lugares. São aqueles que se preocupam não só, ou não tanto, com a educação da infância, mas também com a infância da educação. São aqueles que buscam e exigem um novo início para a educação. Especialmente a estas pessoas quero dedicar esta apresentação.

A educação é um desses lugares onde parece que já não há nada mais a dizer, onde se disse (quase) tudo e onde, de tanto dizer o mesmo, as palavras parecem cansadas, quase vazias, sem nada dentro. São repetidas até a saturação e se as esvazia de sentido. Ocas se tornaram as pobres palavras educacionais; tão ocas que se tornaram difíceis de pronunciar, já quase não dá vontade de falar com elas.

No entanto, com toda essa dificuldade para falar com sentido – que é também uma dificuldade para pensar e para trabalhar –, há educadores que ainda apostam na infância, na revolução, na criação. Educadores que criam, revolucionam e se alçam a um devir infantil nos contextos mais adversos, inócuos, vazios. E inclusive falam, quando parece que não há nada mais a dizer. E não deixam de inventar palavras ou reinventam as que já existem, para dizê-las de outra maneira, para sacudi-las de sua modorra.

Aposto que esses educadores gostarão muito de ler *Oculto nas palavras. Dicionário etimológico para ensinar e aprender*. E além do mais, lhes será muito útil, no sentido interessante da utilidade, o que ajuda a ler, a escrever e a pensar. É que se trata de um livro escrito também por educadores, lutadores, duas pessoas apaixonadas pela educação, escritura e infância. É um livro raro, sério e motivador de muita alegria, sóbrio e propício ao descalabro, produto de muito trabalho e iniciador, quem sabe, de tantos outros trabalhos, uma poderosa ferramenta, naquele sentido que Foucault dava aos instrumentos que ajudam a pensar.

Estamos diante de um livro de "etimologias", em primeiro lugar a etimologia da própria etimologia. Digamos que seu sentido principal é disponibilizar aos leitores um significado primeiro, um signo, uma marca, que alguma vez, em seu início, em um início, quiseram dizer algumas palavras; decifrar o enigma de como foram pensadas essas palavras em uma intrincada relação entre o que dizemos, o que pensamos e o que somos. Palavras como 'ensinar' e 'aprender', como 'escola' e 'instituição', como 'criança' e 'infância', como 'conteúdo' e 'prova', como 'recreio' e 'mestre'... São tantas, que a lista é quase infinita, em quantidade e densidade.

O fio condutor de *Oculto nas palavras* está delineado por uma série de perguntas. A primeira, "O que é educar?", chama os verbos de ação que são postos em jogo cada vez que alguém ensina (ou diz que ensina) ou cada vez que alguém aprende (ou diz que aprende). A segunda e a terceira, "Quem estuda?" e "Quem ensina?", têm a ver com descobrir o mistério que se oculta nos sujeitos do ensinar e do aprender. A quarta, "Onde se estuda?", ajuda a pensar os nomes que designam lugares do ensinar e do aprender. A quinta, "O que se estuda?", alude aos sentidos primeiros, materiais, da transmissão. A sexta, "Como se estuda e se ensina?", acode às palavras que denotam caminhos, instrumentos e modos do ensinar e do aprender. Por último, em "Por que e para que se estuda?", as palavras mais difíceis, as que falam dos sentidos e razões que sustentam um ensinar e um aprender, abrem um mundo em cada uma dessas sete seções.

Sabemos, pelo menos desde Freud, que educar é uma tarefa impossível. Se fôssemos um pouco mais ousados e lêssemos com mais cuidado os inícios, talvez pudéssemos encontrar essa impossibilidade em Sócrates: que outra coisa mostram os diálogos chamados "juvenis" de Platão? De que outra maneira teria maior sentido o próprio testemunho de Sócrates na *Apologia* ("jamais fui mestre de ninguém", 33a 5-6)? Como não perceber o "fracasso" desses *diálogos* nos quais aquele que ensina (Sócrates) não sai de seu lugar e conhece antecipadamente o lugar ao qual, indefectivelmente, são conduzidos todos os que com ele conversam.

Esse "fracasso" (que nunca nos cansaremos de pôr entre aspas) é também seu maior sucesso: deixar um signo do caráter paradoxal, enigmático, impossível da educação. Perturbar os outros, uma vez instalado na perturbação. Não parece haver condenação nem prêmio maior para o andar de um ensinante: a perene perturbação. Se a educação é impossível, isso a faz mais necessária, interessante, humana.

Sem querer fizemos um pouco de etimologia. Voltamos, quase sem notar, ao início. Agradecemos a inspiração e a fertilidade de *Oculto nas palavras.* Aproveite, também você, amigo leitor: há muita generosidade nestas páginas; aqui encontrará muitos signos que talvez o ajudem a ler novamente, a ler-se de novo. Aproveite, também você, amigo educador: há muito compromisso nestas palavras; quem sabe aqui encontre também novos inícios para outra educação, para educar e educar-se de outro modo. Aproveite, por fim, amigo escritor: há muita infância nestas páginas: talvez se surpreenda com alguns começos das palavras e possa começar a pensar e pensar-se a partir de outro lugar. Aproveitem todos, todas, os novos inícios, ocultos, escondidos, impensados, em *Oculto nas palavras.* Aproveitem. De verdade, com alegria, potência e coragem. Como merecem a educação e a literatura. Ao menos a infância delas, que *Oculto nas palavras* nos pode ajudar a nascer. Em cada um de seus leitores.

Walter O. Kohan
Rio de Janeiro, agosto de 2004

INTRODUÇÃO

Uma obra com estas características desperta imediatamente uma pergunta em face da nossa tradição cultural: que valor tem a etimologia? Uma resposta com pretensões de plausibilidade deve contemplar múltiplos aspectos que rodeiam essa prática. Por um lado, a etimologia serve para propor chaves interpretativas que associam o plano da expressão a uma série de significados do plano do conteúdo, muitas vezes imperceptíveis para os falantes, mas que, no entanto, estão presentes na sua conformação, e em sua história se sentem como elementos inapeláveis. Este horizonte de coisas que as palavras dizem sem – ou inclusive contra – a vontade daqueles que as pronunciam abre a perspectiva de forças ocultas, quase mágicas que nos rodeiam e condicionam sem que o notemos. Longe de pensar que as palavras guardam somente significados perimidos e superados, o senso comum outorga à persistência do significante um estatuto de autoridade inquestionável.

A veneração à linguagem é, no entanto, de certo modo, pálida frente a outras tradições culturais, nas quais a força dos nomes é um pilar religioso. Nesse sentido, vale a pena citar o relato que conserva a tradição hindu acerca da vingança de Tvastr, um artesão com poderes superiores, que, inimizado com o deus Indra, recita um conjuro para conseguir um filho que destrua Indra. O ponto central da história é que em lugar de pronunciar *indra-satrú*, 'matador de Indra', Tvastr pronunciou *índra-satru*, 'o que é morto por Indra'. Uma mudança de acento produziu uma mudança de sentido e a conseqüente perdição de seu filho, que efetivamente foi destruído por Indra.[1] Estamos longe de atribuir

---

[1] Cf. *Satapatha-Brahmana* 1.6.3.8.

esse poder às etimologias, mas a reverência com que se aceita a idéia de que os sentidos primigênios de uma palavra não perdem vigência e têm, inclusive, preponderância sobre os atuais ilustra de algum modo a sobrevivência dessa concepção. Isso é especialmente chamativo, se se consideram os esforços da lingüística moderna em desligar de qualquer nexo causal a relação entre significante e significado dentro do signo lingüístico, o que constitui precisamente sua arbitrariedade.

Por outro lado, não cabe dúvida de que na etimologia radica um modo de argumentação de alto valor persuasivo, que permite objetar posições alheias sem a necessidade de prestar atenção aos raciocínios que as sustentam, limitando-se a atacar somente o uso de certos termos que, por seu sentido implícito – etimológico –, fariam colapsar o contexto em que se encontram. Esse poder que as etimologias têm sobre o senso comum as converte, então, em uma arma apreciada nas lides discursivas e, a partir dessa perspectiva, propicia um tipo especial de reflexão lingüística presente em todos os tempos, caracterizada pela operação de associação estabelecida por um falante entre duas expressões com traços fonéticos semelhantes. Platão, no *Crátilo,* estendeu-se ludicamente sobre a prática que consiste em projetar a similitude entre termos da mesma família a outros que só têm uma semelhança aleatória, o que conduz a resultados disparatados do ponto de vista lingüístico. Muitas dessas etimologias populares são geradas por associação espontânea em situações pontuais de diálogo e não prosperam para além do momento de sua utilização concreta.[2] Mais chamativas são as que ganham carta de cidadania em determinados círculos não afetados pela crítica lingüística. Entre os muitos exemplos do nosso meio que podem ser citados, merece

---

[2] No *Curso* de Saussure [1995, p. 204] a 'etimologia popular' é contraposta à analogia e a diferença entre ambas é sintetizada desta maneira ao final do tratamento: "A etimologia popular não age, pois, senão em condições particulares e não atinge mais que as palavras raras, técnicas ou estrangeiras, que as pessoas assimilam imperfeitamente. A analogia, ao contrário, é um fato absolutamente geral, que pertence ao funcionamento normal da língua. Esses dois fenômenos, tão semelhantes em certos aspectos, se opõem na sua essência; devem ser cuidadosamente distinguidos". Para aprofundar-se nesta obra básica da lingüística moderna indica-se consultar à conhecida edição crítica: SAUSSURE, Ferdinand de. *Cours de linguistique générale.* Preparada por Tullio de Mauro. Paris: Payot 1994 [1. ed. em italiano 1967, Laterza], que considera, por exemplo, tanto a principal obra da filologia saussuriana, R. Godel, *Les sources manuscrites du Cours de linguistique générale de F. de S.* Ginebra-París, 1957, reimpressa em 1969, como também a edição crítica do *Cours* preparada por R. Engler, Wiesbaden 1967 e ss., que compila todo o material de notas autobiográficas de lingüística geral e as notas de estudantes que assistiram ao *Curso.*

especial atenção o da etimologia popular de 'adicto', que em muitos âmbitos se interpreta em termos de 'que não diz' ou 'que não fala', como se se tratasse de um prefixo *a-* privativo somado à raiz, efetivamente presente, do verbo latino *dicere*, mas o fato é que em latim não existe um prefixo desse tipo (o alfa privativo é grego). A rigor, o que se agrega à raiz verbal nesse composto é um prefixo *ad-*, com sentido abstrato de assentimento, de modo que *adicere* passa a significar 'adjudicar', 'destinar', e se opõe assim a *abdicere* (note-se o prefixo separativo *ab-*), 'descartar', 'desaprovar', ambos os termos, como é usual em grande parte do léxico latino, originários da língua do direito e da religião. Em 'adicto', então, derivado de *addictus* (particípio passivo do verbo em questão), estaria presente essa ressonância etimológica de um sujeito 'destinado', 'apegado' a uma prática que, no contexto atual, adquiriu em geral uma valoração negativa. De todo modo, estamos longe da exótica leitura que a etimologia popular faz dos elementos desse composto.

O tipo de exemplo acima nos obriga a repensar o valor da etimologia não como uma atividade erudita cultivada por filólogos encerrados nas Universidades, mas como uma prática culturalmente arraigada, que cumpre a potente função de estratégia argumentativa nos mais variados âmbitos sociais. Diante disso e partindo da base de sua significatividade social, a lingüística tem a seu cargo a tarefa de pôr à disposição dos falantes os instrumentos que desenvolveu para recuperar a história dos termos que revelam seus antigos sentidos e associações e a de promover a prática de uma etimologia "científica" da qual os indivíduos se possam valer em suas reflexões com segurança e confiança. Isto é, se a argumentação baseada na etimologia é significativa socialmente, a lingüística deve prover os elementos para que as etimologias populares não conspirem contra a plausibilidade dos enfoques baseados na análise de termos relevantes para o exame de uma questão.

Ao centrar nossa atenção na etimologia de termos ligados à práxis docente, surge uma característica adicional que consiste no fato de que os termos objeto de exame estão ligados semanticamente e portanto estão em condições de revelar o sistema estrutural de crenças de uma época prévia. Neste caso, a Antigüidade clássica, que é amiúde uma fonte de inspiração e fundamentação de muitas teorias contemporâneas. Tal período deixou sua marca, como em tantas disciplinas que formam o acervo cultural do Ocidente, também na pedagogia, termo marcado já desde a sua enunciação com ressonâncias etimológicas, "conduçãoformação do garoto". Por outro lado, se bem é verdade que essa época constitui o ponto originário de muitas concepções arraigadas na conformação mesma da cosmovisão ocidental, e que por isso costuma ser preciso retroceder a essas origens para compreender as características que os fenômenos adquiriram ao longo do tempo, essa mesma época, no entanto, costuma ser objeto de translações conceituais metodologicamente espúrias. Não é pouco usual encontrar em trabalhos atuais sobre teoria da educação referências a doutrinas clássicas que constituiriam antecedentes das propostas que se esboçam. Entretanto, um olhar mais agudo desvelaria diferenças substanciais entre as antigas concepções e os princípios que sustentam as novas filosofias da educação.

Essa fratura, longe de converter os estudos clássicos numa terra erma, elevam-nos a legítimos interlocutores das novas leituras. Como sucede muitas vezes na investigação, amiúde é mais útil encontrar uma voz discordante que uma saga de vozes que nos antecedam. O diálogo com um interlocutor lúcido pode ampliar nossa visão e nos ajudar a reformular nossa postura ou aprofundar sua fundamentação à luz das possíveis objeções.

Neste marco, o objetivo específico deste estudo propõe levar a cabo uma análise dos principais termos ligados à práxis docente a partir da perspectiva da análise semântico-etimológica. Se analisarmos estes termos, revela-se que 'semântica' provém do adjetivo grego *semantiké*, que se utilizava usualmente como atributo do substantivo *tékhne* 'técnica', de modo que se falava de *he semantiké tékhne*, 'a técnica semântica', e daí finalmente de *he semantiké*, 'a semântica', como ocorreu em geral com numerosos nomes de disciplinas que tinham origem adjetiva como *grammatiké*, 'gramática', *mathematiké*, 'matemática', *rhetoriké*, 'retórica', todas supondo o substantivo 'técnica'. *Semantiké* é um derivado do substantivo *séma*, 'sinal de reconhecimento', 'signo figurativo', 'signo de escritura', com o que a 'semântica' é o estudo dedicado ao reconhecimento da significação, do sentido das palavras. Quanto ao termo 'etimologia', digamos que constitui um composto sobre a base de duas palavras: o adjetivo *étymos*, 'verdadeiro'[3], e o

---

[3] A raiz de *étymos* provém de **es*, a mesma que forma o verbo *eimí*, 'ser', 'estar' ou 'existir', com o que se sustenta uma concepção da verdade que assinala verdadeiro aquilo que coincide com o ser da coisa, ou, em outros termos, se sustenta a noção de verdade que os medievais conceberam como *adequatio intellectus ad rem*, 'adequação do intelecto à coisa', frente às concepções veritativas que fazem a verdade descansar na coerência do discurso.

substantivo *lógos*, que podemos verter aqui como 'expressão' ou 'captação'.[4]

Do ponto de vista técnico, falar de etimologia e semântica remete-nos aos dois planos que a lingüística contemporânea pós-saussuriana associa à noção de signo lingüístico, no qual se conjuga um significante, que corresponde ao plano da expressão fônica, e um significado, que corresponde ao conteúdo. Desse modo, ao se analisar o plano do significado, examinam-se as relações estruturais que se estabelecem entre significados e que conformam tramas ou redes de signos que demarcam em suas mútuas oposições zonas de sentido ou 'campos semânticos'. Em contrapartida, a análise do plano do significante põe em relevo o aspecto etimológico que dá conta da origem, formação e transformação da parte material das palavras e de seus elementos constitutivos. Assim, por exemplo, se pensamos no termo português 'mestre', sob a perspectiva semântica, faz-se necessário determinar as relações de oposição que ligam esse vocábulo a outros relacionados por seu significado como 'docente', 'professor', etc., enquanto que com base na perspectiva etimológica trata-se de determinar sua origem tendo em vista o significante latino correspondente, o que abre a possibilidade de observar relações obscurecidas pelo câmbio fonético, que ligam, por exemplo, 'mestre' a 'ministro' (cf. §39). Enquanto a semântica descreve as relações estruturais que o significado de um termo estabelece com outros significados com os quais conforma um campo semântico, a etimologia aponta para os fenômenos que afetam exclusivamente o plano da expressão.

Ao concentrar nosso trabalho no estudo de termos ligados à práxis docente, a circunscrição a um campo semântico específico opera por si, solucionando de um modo prático o problema dos critérios para a determinação de um campo semântico.[5] Em geral, todos os termos

---

[4] A raiz do termo *lógos*, conservada em português em múltiplos compostos com a forma '-logia', é **log*, alternante por apofonia (cf. *infra*-) de **leg*, que encontramos, por exemplo, no verbo *légo*. A partir dele se podem rastrear as diferentes acepções que *lógos* foi tomando, desde a primitiva significação de 'recolher', frutos ou lenha, atividades próprias dos povos coletores, passando pelo sentido de 'contar' numericamente aquilo que foi recolhido, até o 'contar', ou 'narrar' algo, com o que *légo* se converteu no *verbum dicendi* ('verbo de dizer') típico da época clássica junto com *phemí*. *Lógos*, a forma substantiva da raiz, será então 'palavra', 'discurso', 'expressão', especialmente aquela que tem a ver com um tipo de discurso argumentativo e arrazoado.

[5] Para uma referência às dificuldades decorrentes da noção de campo semântico, cf. GUTIÉRREZ ORDOÑEZ, 1992, p. 105ss.

estudados compartilham um valor de conteúdo que radica em sua relação com a noção de educação e, vistos mais de perto, se organizam como microcampos que dão conta dos atores e elementos que se conjugam em uma situação de práxis educativa. Assim, dividimos o campo que tentamos salientar em sete unidades temáticas organizadas internamente em parágrafos. Partiremos, em todos os casos, das palavras portuguesas para remontar a suas origens e determinar em cada caso que tipo de associações semânticas existiam na estrutura prévia e que na nossa língua se debilitaram ou se perderam.

O principal instrumento para a análise semântica e etimológica é a lingüística comparada. De fato, só é possível remontar à forma original de uma palavra por meio da comparação das formas diversas que ela foi adquirindo nas diferentes línguas em que permaneceu. Dado que nossa língua, por intermédio do latim, remonta ao indo-europeu, cremos conveniente consignar algumas noções básicas a esse respeito que possam servir de guia ao leitor especialmente interessado na gramática comparada, para efeito de aprofundamentos posteriores. A utilidade do glossário, no entanto, não se ressente se ele for consultado evitando esse panorama, já que tais conceitos estão implícitos em seu desenvolvimento.

A LINGÜÍSTICA COMPARADA E O INDO-EUROPEU – I.E.

No princípio do século XVIII, os lingüistas começaram a perceber que existia entre as diferentes línguas uma semelhança inexplicável em termos de mero acaso. Os estudos centraram-se habitualmente no parentesco entre o sânscrito, o persa, o grego, o latim e o germânico. De modo que, prontamente, se postulou a idéia de que as línguas aparentadas deviam constituir um único grupo a que se denominou 'indo-europeu' – por referência às regiões onde se estendem essas línguas –; 'indo-germânico' – especialmente usado pelos lingüistas alemães, para referirem-se aos pontos extremos desta zona: Índia a leste e o território germânico a oeste –; o 'ário' – o menos exato dos termos, já que diz respeito a um só dos grupos que conformam o conjunto, o indo-iraniano, no qual *arya* significa 'senhor'.[6]

A partir dessa constatação, construíram-se teorias que deram conta do fato. As duas principais, que marcaram os estudos sobre o

---

[6] Para o problema do indo-europeu em geral, consultar Villar (1971, p. 9-65); Villar (1996, p. 13-183); Juliá e Vigo (1987, p. 1-3); Castello ; Conde (1996, p. 4-11).

desenvolvimento do indo-europeu (doravante i.e.) – que hoje nunca são sustentadas em suas formulações puras – são a da "árvore genealógica" (*Stammbaumtheorie*) e a das "ondas" (*Wellentheorie*). A primeira delas, a teoria da árvore, foi criada por A. Schleicher, em meados do século XIX, e se apóia em uma metáfora de viés biologicista ao sustentar que há de se levar em conta a idéia de uma língua originária, que teria existido em torno do terceiro milênio a.C., a partir da qual se geraram diversas ramificações que deram lugar a novas línguas. Em princípio ter-se-ia criado um ramo oriental e um ocidental que se fragmentaram em muitas outras línguas, já estabelecidas no segundo milênio a.C, que podemos rastrear.

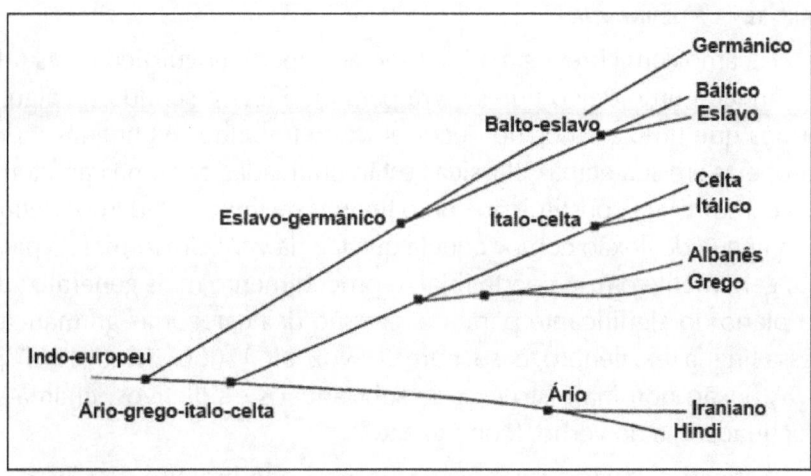

Diante dessa idéia, A. Schmidt propôs em 1872 a teoria das ondas. A metáfora, nesse caso, é a de uma pedra caindo em um lago, onde se podem observar as ondas que se afastam do centro em direção à periferia. De igual maneira ocorreria o câmbio lingüístico. O que se transmitiria em cada onda é esse câmbio sob a forma de semelhanças ou peculiaridades chamadas 'isoglossas', que fazem com que as línguas sejam consideradas aparentadas. À diferença da teoria primitiva, na teoria das ondas não há diferenciação progressiva, mas progressiva homogeneização. Ambas teorias são hoje combinadas e ressignificadas, já que é certo que, para determinadas línguas derivadas, sua dialetização é produto da interrupção do contato com as línguas mães – segundo a *Stammbaumtheorie* –, mas as semelhanças entre as línguas nem sempre têm essa origem, como o demonstraram as isoglossas postuladas pela *Wellentheorie*.

Digamos por último que, ao longo de um século e meio foram ensaiados os mais variados argumentos para inferir, a partir da idéia de indo-europeu, noções não só lingüísticas, mas também religiosas, sociais, territoriais, institucionais e, inclusive, raciais. De fato, são abundantes os escritos que discutem acerca da localização da pátria originária dos indo-europeus ou de diversos sistemas de organização social. Atualmente, contudo, há um relativo consenso quanto ao fato de qualquer incursão por terrenos não-lingüísticos ser uma aventura demasiado arriscada e fora do alcance da tarefa científica.[7]

Raiz, tema e desinência

Façamos uma brevíssima incursão ao suporte lingüístico do estudo semântico-etimológico que servirá para clarificar o sentido de alguns termos que utilizaremos no decorrer deste trabalho. As línguas indo-européias em sua etapa "clássica" estão unificadas por uma característica comum: sua constituição como línguas de flexão. Podemos definir uma língua de flexão como "aquela que faz da variação formal da palavra, geralmente em sua parte final, o procedimento mais generalizado no plano do significante para a expressão das categorias gramaticais dessa língua (ex. gênero, caso, número, voz, etc.)" (JULIÁ; VIGO, 1987, p. 7). A flexão nominal, isto é, a de substantivos e adjetivos, chama-se 'declinação'; a do verbo, 'conjugação'.

A flexão é levada a cabo a partir do procedimento de afixação: a um elemento básico chamado 'raiz' se agregam outros morfemas que marcam de que tipo de palavra se trata, que função gramatical cumpre, etc. Assim, podemos ter:

$$\text{prefixo} \rightarrow \text{raiz} \leftarrow \text{sufixo}$$
$$\uparrow$$
$$\text{infixo}$$

Agora, revisemos três noções fundamentais que dão forma ao sistema de raiz e afixos: a raiz é um elemento simples, geralmente monossilábico, que expressa a idéia da palavra de forma genérica,

---

[7] Cf. VILLAR, 1996, para uma descrição detalhada.

absoluta, abstrata. É o núcleo de uma família de palavras unidas por uma significação fundamental. Assim, a raiz indo-européia *bha com o sentido básico de falar dá lugar ao grego *phemí*, ao latino *fari* e, a partir daí, aos portugueses 'falar', 'fábula', 'confabular', 'inefável', etc.

O tema consiste na raiz já configurada para receber as desinências pessoais ou flexionais. Por exemplo, em 'confabular' o tema é 'confabul-', que funciona como parte invariável da palavra. Há que se notar que o tema, à diferença da raiz, pode conter prefixos, infixos ou sufixos, e não somente a pura idéia configurada pela raiz. Em 'confabul-' há, além da raiz, um prefixo *con-* e um sufixo *-bul*. É a esse tema que se acrescenta a desinência.

A desinência é um sufixo que se agrega ao tema para dar conta das relações gramaticais pessoais, genéricas e numéricas. No caso de 'confabul.o', palavra já afeita à categoria verbal, o termo dá conta de uma forma verbal presente no modo indicativo que remete a uma primeira pessoa do singular. Esse elemento fecha a composição da palavra e lhe confere completa inteligibilidade na estrutura da oração.

Modificações da raiz

Já que neste estudo vamos fazer referência às raízes indo-européias, das quais provêem os termos gregos e latinos, resumiremos brevemente os principais procedimentos de modificação da raiz e do tema da palavra[8]:

- alternância vocálica ou apofonia: remete a um câmbio de som ou duração de uma vogal; por exemplo, do latim *terra* ao espanhol *tierra*.

- alargamento: é o câmbio de uma vogal breve para uma longa ou ditongo; por exemplo, em grego o nominativo de *ódo-ntos* é *odoú-s* (dente), onde se vê o alongamento por ditongação da segunda vogal do tema *odo-*.

- substituição ou permutação: é a passagem de consoante de um grau a outro; por exemplo o grego *híppos* (cavalo) a partir do i.e. *híkFos* -com tema em digama, letra excluída do alfabeto ático, mas evidente por suas conseqüências fonéticas e morfológicas.

- perda: trata-se do desaparecimento de letras iniciais ou intermédias devido ao encontro entre sons ou à eufonia articulatória; por exemplo, o grego *pólis* derivado da forma antiga *ptólis*.

---

[8] Pode-se consultar, para esse tema, Brugmann e Delbrück (1897-1916); Pisan (1947); Mascialino (1986); Benveniste (1935) e Pokorny (1949).

- dissimilação: dá-se quando duas sílabas vizinhas apresentam consoantes semelhantes e uma delas se modifica para evitar a cacofonia (repetição dessa mesma articulação); por exemplo, a raiz grega *thrixh, 'cabelo', dá lugar a um nominativo singular thríks, cujo genitivo é trikhós. Nesse caso, o aparecimento da dental surda inicial t – em lugar de theta – evita o encontro de duas aspiradas – th e xh – em duas sílabas seguidas.

- assimilação: é o câmbio de uma consoante devido à proximidade de outra, resultando em ambas se tornarem semelhantes ou iguais; por exemplo, o nome do povo dos tirrenos era originariamente em grego Tyrsenoí, tal como se encontra em alguns testemunhos, mas é freqüente encontrar Tyrrenoí, forma similar à espanhola.

- metátese: é a transposição ou inversão de uma consoante ou semiconsoante; por exemplo, a raiz indo-européia *kerd, 'coração', que dá lugar ao latim cordis, gera em grego o substantivo kardiá, que, por metátese, gera o jônico-épico kradíe.

- abreviação: dá-se no caso de uma vogal longa seguida de outra vogal longa; por exemplo, o grego épico éos – com eta e ômega – 'aurora' é, em atiço, héos – com ípsilon e ômega.

- contração: é a supressão do hiato de vogais iniciais, interiores ou finais e a fusão de duas ou três vogais em uma só longa ou em ditongo; por exemplo, o grego épico éelios, 'sol', dá lugar, em atiço, a hélios. Esse fenômeno inclui a crase, quando se fundem, por exemplo, um artigo e um substantivo; por exemplo, 'o nome' é em grego tò ónoma (artigo + substantivo) ou também toúnoma.

- duplicação ou geminação: consiste na repetição de elementos da raiz. Pode ser vocálica ou consonântica; por exemplo, o grego té-tanos, 'rigidez', 'câimbra', frente aos termos aparentados teíno e tanúo, sem duplicação.

Todas essas modificações, orientadas por leis fonéticas, incorporam a evolução progressiva dos termos, que ao final resultam no câmbio completo da língua original em suas derivadas.

A PASSAGEM DO LATIM ÀS LÍNGUAS ROMÂNICAS

O presente trabalho não tem a intenção de realizar um estudo diacrônico da língua – tarefa própria ao âmbito da filologia hispânica –, mas para apreciar e julgar a reconstrução etimológica, muitas vezes se faz necessário ter presente a evolução que leva do latim às línguas romances. A língua latina, enquanto continuadora do indo-europeu, sofreu, como sua língua mãe, diversas modificações que conformam diversas etapas:[9]

Entre os primeiros testemunhos escritos do latim – de certo muito sucintos –, e sua transformação nas diversas línguas romances, podemos identificar seis etapas: a primeira, que podemos chamar de 'pré-literária', se estende até o século III a.C. e se caracteriza pela escassez de testemunhos. Até inícios do século I a.C. encontramos o denominado 'latim arcaico'. A este se segue o 'clássico', cujo fim coincide com a data da morte de Augusto, no séc. XIV d.C. A partir daí e durante todo o século II considera-se que a língua corresponde a uma etapa 'pós-clássica'. Do o século III ao V fala-se de 'latim tardio'. Entre os séculos V e VIII o que temos é já um latim que prenuncia as línguas nacionais e é chamado por isso de 'pré-romance'.

Os textos estudados habitualmente pelos interessados na produção latina correspondem em grande medida à etapa do latim clássico. No entanto, há que se considerar que não é dessa língua literária que foram geradas as características gerais das etapas seguintes, mas que esses textos têm origem no chamado latim vulgar, a língua cotidiana dos latinos. A partir da etapa da língua latina 'pré-romance' foram-se gerando câmbios que fizeram com que a unidade se desagregasse e, em seu lugar, aparecessem as línguas nacionais. No século IX vemos já instalado o francês, no século X, o italiano, e, ao final desse mesmo século, as diversas línguas da península ibérica.[10]

Entre elas, por motivos políticos, impor-se-ão o castelhano e o português, constituindo-se assim as línguas oficiais da Espanha e de Portugal, respectivamente. O português está estreitamente relacionado ao galego, dado que pertencem a um grupo comum e que nos textos mais antigos conservados, do séc. XIII, aproximadamente, não se diferenciam. O castelhano e o português compartilham certas características comuns como:

---

[9] Uma introdução geral a esse tema encontra-se em Rubió Fernández e González Rolán, 1984, p. 255-288; para um tratamento especial recomenda-se a já clássica obra de Rafael Lapesa (1981).

[10] Falamos de lenguas, e não de dialetos, cuja referência é sempre problemática: está-se supondo um modelo lingüístico cujo status não é fácil definir. Se falássemos dos diversos dialetos nos quais a língua latina se cindiu na península ibérica, qual seria o critério para tomar um deles, por exemplo, o castelhano, como língua e relegar os outros a variantes dela?

- a perda do gênero neutro, cujas formas se assimilaram ao masculino ou ao feminino;

- a perda dos casos, que se dá paulatinamente a partir da mesma época clássica. A partir desse momento verifica-se uma tendência progressiva no latim vulgar em descuidar as desinências que marcam os casos e preferir os seus equivalentes, que se podem gerar a partir da estrutura preposição + termo, com o acusativo como caso favorecido para esta última função, de modo que o genitivo, o dativo e o ablativo perdem rapidamente o vigor. É precisamente o acusativo que, dentre os casos, terá melhor fortuna, pois ainda que na etapa do latim pré-romance coexistissem apenas dois casos, o nominativo e o acusativo, este por fim acaba impondo-se definitivamente sobre aquele. O nominativo, por sua vez, acaba por desaparecer, e é a partir do acusativo que se geram as formas hoje conhecidas. Essa modificação que o latim sofreu verifica-se do mesmo modo no desenvolvimento do grego: o grego moderno perdeu a flexão;

- o desenvolvimento de um pronome de terceira pessoa a partir do demonstrativo *ille*. Digamos, de passagem, que os pronomes são as únicas formas que conservam a flexão: eu, mim, me, etc.

- As formas verbais, ainda que sofram alguns câmbios, conservam sua conformação geral.

CRITÉRIOS DE ORDENAÇÃO DE TERMOS, TRANSLITERAÇÃO E SIGNOS UTILIZADOS

Os termos estão divididos em parágrafos numerados de forma correlata e marcados com o símbolo §. Cada parágrafo está estruturado com base em um corpo principal, seguido, na maioria das vezes, por "Observações" que recolhem derivados da mesma raiz, outros usos do termo, comentários etimológicos, etc.

Esses parágrafos estão divididos em sete seções referentes às sete questões que encaminham as distintas unidades temáticas identificadas com os campos semânticos, como já o dissemos (cf. a referência da nota 5). O panorama desse repertório e suas divisões é oferecido no índice geral.

Os termos gregos e latinos em cursivas merecem o seguinte comentário:

A) Sobre como se apresentam no glossário:

Léxico grego.

Os termos gregos estão transliterados, e não transcritos. A transliteração visa estabelecer um sistema de correspondências que permita remontar, o mais diretamente possível, à grafia da língua original. Assim, se estabelecem equivalências entre os respectivos alfabetos e se respeitam todos os casos. Diferentemente, o nome técnico de transcrição é o resultado da adaptação de um termo às características próprias da língua receptora. Desse modo, no caso do português, a palavra é inscrita no sistema de regras e usos da fonética brasileira.[11] Tal procedimento é o atualmente consensuado para os mais conhecidos dos nomes próprios gregos que, passando pelo latim, penetraram na nossa língua não como léxico forâneo, mas como naturais à dinâmica vernacular interna. Assim, *Aquiles* ou *Platão,* em lugar de *Pláton* ou

---

[11] Para os critérios de transcrição, consultar FERNÁNDEZ-GALIANO, 1969.

Achilleús, bem como entre os nomes comuns, *psique*, que transliterado corresponde a *psykhé*, de forma que temos duas variantes de correspondência para o mesmo termo grego, yuch.

Uma vez que para os termos gregos a transliteração segue regência internacional – pelas compreensíveis razões de remontar diretamente à língua original –, será esse o procedimento utilizado neste glossário, e suas correspondências são as seguintes:[12]

a) acentos: serão respeitados os acentos originais das palavras gregas, por exemplo, *tò stoicheîon*, 'o elemento'.

b) espírito: o espírito áspero será sempre transliterado pela letra *h*, por exemplo, *hodós* 'caminho', *rhadinós*, 'delgado'.

c) iota subscrito: será adscrito, por exemplo, *zôion*, 'animal', *dikaíai*, 'com justiça', *týchei*, 'por acaso'.

d) ípsilon: será transliterado na letra *y*, por exemplo, *phýsis*, 'natureza'; quando for parte de um ditongo será transliterado na letra *u*, por exemplo, *autós*, 'mesmo', *paûron*, 'pouco', *ousía*, 'realidade'.

e) consoantes: a transliteração de consoantes levará em conta as seguintes indicações:

κ em k, por exemplo, *kalós*, 'belo'.
ζ em z, por exemplo, *zygós*, 'jugo'.
c em kh, por exemplo, *khrémata*, 'riquezas'.
θ em th, por exemplo, *theós*, 'deus'.
φ em ph, por exemplo, *phrónesis*, 'prudência'.
χ em ps, por exemplo, *psykhé*, 'alma'.
γγ em ng, por exemplo, *ángelos*, 'mensageiro'.
γκ em nk, por exemplo, *anánke*, 'necessidade'.
γχ em nkh, por exemplo, *élenkhos*, 'refutação'.
γξ em nks, por exemplo, *sphínks*, 'esfinge'.

Todas as demais letras serão transliteradas em sua equivalente latina, por exemplo, *idéa*, 'idéia', *pólis*, 'cidade'.

Léxico latino

Os vocábulos latinos serão reproduzidos fielmente, pelo fato de o alfabeto latino ser o difundido por todo Ocidente.

---

[12] N.T. Na edição em português seguimos as normas de MURACHCO, H. G. (2001, v. 1, p. 40-42).

Com relação ao acento, seguiremos, como é tradição, o critério de não refletir graficamente o acento nas palavras latinas, recomendando ao leitor interessado a consulta a um bom dicionário para precisar a prosódia latina[13].

B) Sobre determinadas classes de palavras:

- As formas nominais seguem a forma do nominativo singular, exceto quando o que se ressalta é uso especial de alguma outra forma da flexão. Por exemplo, *vicem*, no § 43.

- As formas verbais, por sua vez, podem aparecer tanto no infinitivo como na primeira pessoa do presente do indicativo, que é a forma habitual de citá-las. Por essa razão, um mesmo verbo pode aparecer de duas maneiras distintas em dois contextos diferentes: por exemplo, o grego *didáskein* (infinitivo) nos § 1 e 3 e *didásko* (forma pessoal) no § 79; ou o latino *lego* (forma pessoal) no § 49 e *legere* (infinitivo) no § 49.1.

- O asterisco (*) será anteposto a formas não testemunhadas, que, não obstante, podem ser reconstruídas por análise lingüística. Neste estudo, o asterisco aparece sempre anteposto às reconstruções de raízes indo-européias e, em alguns casos, a formas de termos que poderiam ser esperados em grego ou latim clássico, mas que não se encontram testemunhadas; por exemplo, *matrius* no § 36.3.

- Os colchetes angulares < > indicam que uma forma provém (<) ou dá lugar (>) a outra.

- Os critérios utilizados nos índices são indicados na seção que os precede.

- As eventuais referências a autores ou obras clássicas, no caso dos autores gregos, seguem as abreviaturas do *Diccionario grego-español* editado por F. Rodríguez Adrados (1989-1991) e, no caso dos latinos, seguem as do *Diccionario latino-español* de S. Mariner (1984).

- As referências a autores modernos indicam apenas o nome do autor – e, em alguns casos, as páginas – e remetem à bibliografia geral.

---

[13] É adequado para esses fins o dicionário de Vicente García de Diego (1996). O leitor encontrará ali, destacada, quando o uso prosódico assim o requeira, a penúltima sílaba das palavras latinas: implicará que ali deve recair a acentuação. Caso contrário, a carga fonética deve retroceder à sílaba anterior. Considere-se ademais que toda palavra latina dissílaba é "grave", i.e, não há palavras "agudas" em latim, e que, para tal, obviamente, não estão sendo considerados os termos monossílabos. Em português, sugerimos consultar o dicionário de Saraiva, 1993.

O QUE É EDUCAR?

§ 1. Educar

O termo 'educar' provém do latim *educare,* que tem o sentido básico de 'criar', 'alimentar', não só crianças, mas também animais. A partir daí se desenvolve o sentido abstrato, espiritual e intelectual de 'formar', 'instruir'. *Educare* guarda também o sentido de 'produzir', especialmente aplicado à terra em expressões como *quod terra educat,* 'o que a terra produz'.

Nesses sentidos está implícita a origem etimológica de *educare.* Habitualmente se supõe que esse vocábulo provém de *educere,* composto de *ex* e *duco,* que significa 'fazer sair', 'tirar para fora' e, por extensão, 'pôr no mundo', no sentido de 'tirar do ventre da mãe' e, em alguns contextos, 'criar' ou 'educar' uma criança. Note-se que o 'fazer sair' e o 'pôr no mundo' estão em consonância com os usos de *educare* referidos à produção da terra. Se isso é assim, o 'educar' repousa na potencialidade do que aprende como condição de possibilidade de tudo ensinar.

A segunda vertente etimológica que a semântica de *educare* apresenta está ligada ao âmbito da alimentação e criação de crianças, com o que a perspectiva a respeito do ato de ensino-aprendizagem muda nitidamente. Efetivamente, sob tal ponto de vista, 'educar' seria 'dar de comer', o que pressupõe em quem aprende uma passividade mais marcada, ou, ao menos, não implica atividade. Nesse caso, a raiz de *educare* está aparentada com **ed-*, a raiz de *edere* 'comer' – que a partir do composto *comedere* deu em português 'comer'. A partir do âmbito da criação da criança, o campo semântico se ampliaria até afetar as esferas do que hoje chamaríamos âmbitos físico e intelectual.

Essa evolução, sem dúvida, seguiu o verbo grego *tréphein* (cf. Obs. 1), que tem simultaneamente um sentido predominante de 'criar' e outro de 'educar' ou 'formar'. Tal idéia está presente no nome da deusa Educa: nas múltiplas deificações romanas das atividades práticas, Educa ensina à criança a comer, assim como Potina lhe ensina a beber – cf. o verbo *poto*, 'beber', donde *potio*, 'ação de beber', que dá lugar ao português 'poção'.

A primeira dessas posturas, aquela que faz *educare* depender de *educere*, conta geralmente com mais apoio. Tratar-se-ia de mais uma instância do procedimento generalizado da língua latina de formar o tipo de infectum em *a* (verbos de "primeira conjugação") a partir do vocalismo radical em grau zero, e assim como *dicare* ('dedicar') se forma a partir de *dicere* ('dizer'), bem como *placare* ('aplacar') de *placere* ('agradar'), o *educare* que nos ocupa teria sua origem no mencionado *educere*. Em sua significação estaria presente, como em outros membros do grupo, o caráter iterativo ou freqüentativo, isto é, o traço de atividade continuada e sustentada, própria da dinâmica educativa.

A referência à deusa Educa, porém, não pode ser deixada de lado, e é provável que ambas as origens se tenham sincretizado na sensibilidade dos falantes da época clássica. Os dois sentidos, que a um falante moderno podem parecer muito diferentes, estiveram tradicionalmente muito unidos. Parece ter havido antigamente um laço que unia a instrução à criação e esta à alimentação, com o que os termos que se referem à educação podem adquirir esses sentidos sem entrar em contradição. Todavia, o português incorpora tardiamente o termo 'educar' – está documentado só no séc. XVII, e até esse momento essa parte do campo semântico estava satisfeita com o vocábulo 'criar'. As primeiras aparições de 'educação' estão igualmente circunscritas ao sentido de 'criação'.

Observações

1. O campo semântico de *educare* é, em parte, equivalente ao do grego *tréphein*, em cuja evolução, sempre que se tome *educare* como derivado de *edo*, também se observam significativas semelhanças. *Tréphein* é, em sua origem, 'espessar', e daí 'coagular', 'coalhar'. Com esse sentido concreto subsiste ainda na época clássica sob o conceito genérico de 'criar', 'nutrir', desenvolvido a partir de 'engordar', 'alimentar'. Foi assim que, por graduais translações de

sentido, passou a significar plenamente 'educar', ainda que nunca viesse a ser o termo típico para referir-se ao que hoje entendemos por educar e permanecesse mais ligado ao âmbito de criação de crianças.

2. Já ao contrario, os termos gregos que vingaram ao ser introduzidos no campo semântico da educação são *paideúein* e *didáskein*, ambos com numerosos derivados em português. *Paideúein*, que podemos verter licitamente por 'educar', está aparentado com *paidéia*, 'cultura', 'educação'. A raiz primitiva desse termo é o substantivo *paîs*, 'criança' (§ 25). Destaquemos também que nessa raiz há um elemento tomado do âmbito nutrício, o monossílabo *pa*, que responde à noção de 'alimento': basta pensar no grego *patér*, 'padre' (§ 34) que significa precisamente 'o que alimenta', 'o que dá de comer' (pensemos em nosso familiar 'pão', do latim *panis*, que tem a mesma origem como protótipo de alimento).

3. Sobre *didáskein* cf. § 79.

§ 2. Ensinar

O grupo de sinônimos que utilizamos em português para 'educar', a saber, 'ensinar', 'instruir', 'formar', todos originários do latim, guardam uma idéia análoga: a de oferecer algo a alguém que não o possui, isto é, a ação de um pólo ativo da relação que vem suprir uma carência do outro pólo, geralmente pensado como passivo. 'Ensinar' vem de *insignare*, literalmente 'colocar um signo', 'colocar um exemplo'. A base do termo é a raiz indo-européia **sekw*, cujo significado é 'seguir', de modo que *signum*, o principal formador de *insignare*, remete ao sentido de 'sinal', 'signo', 'marca' que é preciso seguir para alcançar algo. O 'signo' é, então, 'o que se segue', e 'ensinar' é colocar sinais para que outros possam orientar-se.

OBSERVAÇÕES

1. É de se notar que de *signum* provêm os termos portugueses 'signo' e 'sina'. Só o último conservou o antigo sentido associado de 'destino', 'sinal' e, inclusive, 'constelação que determina a vida'. O termo 'signo' associado a essa idéia só se mantém no vocabulário astrológico, enquanto que seu sentido mais habitual é o de 'aquilo que está em lugar de outra coisa e remete a ela'.

2. Da mesma conformação de *signum* são os termos 'consignar' (com prefixo *cum-*), 'assinar' (com prefixo *ad-*), 'designar' e 'desenhar' (ambos com prefixo *de-*), 'senha', 'sinal', 'insígnia', 'resignar' – 'revelar', 'romper o selo', 'renunciar', 'conformar-se' –, 'resenhar' – 'enumerar'. E ainda 'selo', que provém do diminutivo latino *sigillum*, originariamente 'figura pequena', 'estatueta', assim como 'signo', 'marca', e então 'segredo com que se guarda um assunto'. O plural de *sigilum* é *sigla*, que dá a mesma forma em português e corresponde então a 'pequenos signos ou marcas'. Ademais, s*ignatio* é denominação usual do sinal da cruz na liturgia cristã.

3. 'Significar', *significare*, responde à mesma formação de *signum*, ao qual se agrega o componente do verbo *facio*, 'fazer', com o que 'significar' é 'fazer ou construir um signo' que guie o interlocutor em direção do que se quer indicar.

4. A raiz indo-européia **sekw* gera em latim o verbo *sequor*, 'seguir', de onde provêm termos como 'seita' (*secta*, 'norma que se segue', 'bando', 'escola de pensamento'); 'sequaz' (*sequax*, 'que segue facilmente'), 'seqüela' (conseqüência que se segue a uma coisa); 'seqüência' (*sequentia* – termo originalmente eclesiástico aplicado às partes da missa, daí, 'série de coisas relacionadas entre si'); e, em composição com prefixos, 'conseguir' (com o prefixo *cum-*); 'executar' (com o prefixo *ex-* – 'seguir até o final'); 'perseguir' e 'prosseguir' (com *per-* e *pro-*, respectivamente). Dessa mesma raiz é *secundus*, 'segundo' – o que segue.

5. A raiz **sekw* com alternância vocálica *o*, dá lugar, em latim, ao termo *socius*, 'sócio', 'associado', 'companheiro', literalmente, 'o que segue'. Daí os derivados em português 'sociedade', de *societas*, 'social', etc.

§ 3. Instruir

'Instruir', de *instruere*, remete a 'colocar uma estrutura', 'ensamblar'. Na base do termo está a raiz **ster*, cuja significação básica é 'estender-se' e dá lugar em latim à forma *struo*, 'dispor em camadas sucessivas', 'empilhar', 'amontoar'. Dessa forma *struo* deriva o termo *structura*, 'estrutura', 'construção', 'fábrica', e compostos de *struo* como *construere*, de *cum* e *struo*, 'construir', forma que se conservou em português, à diferença da forma simples; *destruo*, 'destruir'; *obstruo*, 'obstruir' e *instruere*, que significa propriamente 'levantar paredes', 'prover de armas ou instrumentos', 'formar em batalha' e, a partir dessas acepções, 'prover a outro de conhecimentos' que o fortaleçam, 'instruí-lo'.

OBSERVAÇÃO

1. Derivados dessa mesma raiz são os termos portugueses 'indústria', do latim *industria*, formado com o prefixo *endo-*, intensivo de *in-*, 'en'. Da forma latina *stratum* provém o português 'estrato', 'nível'; 'estrado', 'armação larga e rasa, onde se pisa, ou se assenta alguma coisa', 'tablado'; e 'substrato', literalmente, 'o que está posto debaixo'. Em grego, a raiz dá lugar a 'estratégia', composta a partir de *agoi*, 'conduzir' (cf. § 95).

§ 4. Formar

'Formar', de *formare*, significa 'dar uma forma', 'modelar'. Tem originariamente sentidos concretos, como em *materiam formare*, 'dar forma à matéria', e sentidos abstratos, como em *orationes formare*, 'dar forma ao estilo' e *consuetudinem formare*, 'formar, introduzir um costume'.

OBSERVAÇÕES

1. Usualmente, seu derivado 'forma' tende ao sentido de 'forma bela' ou 'beleza'. Cf. *formosus*, 'feito em um molde' e, portanto, 'bem feito', 'belo'. Pode-se pensar que a educação como formação não só aponta à constituição da personalidade de uma forma dada, mas propõe um resultado 'com forma', entendida como harmonia e beleza, que, na concepção clássica, sabemos, não é distinta da bondade.
2. É provável que o latino *forma* tenha uma origem comum ao grego *morphé*, de igual significado. Cf. o epíteto de Afrodite em Esparta: *Morphó*, que põe de manifesto o ponto de contato de *morphé* com a idéia de beleza.
3. Em português o termo 'forma' se torna freqüente a partir do séc. XVII. O verbo 'formar', por sua vez, é usual em todas as épocas.
4. De *formosus* deriva nosso português 'formoso' donde a nossa cidade mineira Formoso.

§ 5. Transmitir

'Transmitir' deriva de *transmittere*, um composto do verbo latino *mittere*, cujo significado originário remete à idéia de 'deixar ir', 'lançar' e, a partir daí, 'enviar'. Por associação com a preposição *trans*, que indica 'mais além', adquire o sentido de fazer chegar um conteúdo, basicamente lingüístico, a outro.

OBSERVAÇÕES

1. A partir do mesmo verbo se constrói uma grande quantidade de compostos que marcam diferentes modalidades do envio de informação entre os sujeitos participantes de uma situação comunicativa, como *emittere*, 'emitir', com o prefixo *e-*, de *ex*, indicando a origem da mensagem; *remittere*, 'remeter', 'enviar de volta' (*re-*); *promittere*, 'prometer', i.e., 'declarar uma determinada mensagem antecipadamente'. Também são compostos de *mittere* os verbos *admittere*, 'admitir', e *permittere*, 'permitir', literalmente 'deixar passar através' (*per-*).

2. Entre os substantivos derivados mais frutíferos em português estão 'missão', de *missio*, 'o que é enviado, mandado a alguém', e 'míssil', de *missilis*, 'arma que se lança para acertar um alvo'. De *missio* deriva igualmente o termo 'missa' aplicado à celebração religiosa, provavelmente por referência à expressão *missa catechumenorum*, 'envio dos catecúmenos', utilizada depois do sermão e que acabou designando a totalidade da celebração.

§ 6. Explicar

'Explicar', designa em português o desenvolvimento teórico por parte do docente que torna compreensível o tema objeto de estudo aos alunos, deriva de uma forma intensiva do verbo *plecto*, que significa 'dobrar', 'trançar', 'entrelaçar'. Este intensivo *plico*, que se encontra usualmente em compostos, e conserva a referência à ação de dobrar, dá lugar, por acréscimo do prefixo *ex-*, que indica 'movimento para fora', à idéia de 'desdobrar a partir de dentro', 'desentranhar', 'desenredar' um conhecimento.

OBSERVAÇÕES

1. A raiz do verbo *plecto* se refere a um assunto potencialmente problemático, cuja referência é a idéia de pregas e dobras, a partir da qual se podem estabelecer distintos tipos de relações. Contrária à idéia de 'explicar' é a de 'implicar', de *implicare*, que traz a noção de introduzir-se nas pregas, nas dobras de algo, de modo que em seu uso transitivo algo 'implica' outra coisa porque a tem "misturada

entre suas dobras", e em seu uso intransitivo alguém está 'implicado' em algo porque se "meteu nas dobras". Do mesmo modo, *complicare*, 'complicar', refere-se à atividade de 'preguear', 'dobrar' e, portanto, tornar mais confuso. 'Suplicar', de *suplicare*, por acréscimo do prefixo *sub-*, indica o 'dobrar-se para baixo' para pedir algo.

2. A mesma raiz de *plecto* formou o termo *–plex*, que funciona como segunda parte de importantes compostos como *complex*, 'complexo', literalmente 'com dobras', *i.e.*, 'com complicações'; *simplex*, 'simples', *i.e.*, 'de uma só dobra'; *duplex*, 'duplo', *i.e.*, 'de duas dobras'; *multiplex*, 'múltiplo', *i.e.*, 'de muitas dobras'.

§ 7. Facilitar

Costuma-se dizer que os docentes são facilitadores, no sentido de que põem ao alcance dos alunos os elementos necessários para que possam desenvolver seu processo de aprendizado. 'Facilitar' é um verbo denominativo, *i.e.*, derivado de uma forma nominal, o adjetivo 'fácil', que deriva por sua vez do adjetivo latino *facilis*, aparentado com o verbo *facio*, 'fazer', de modo que dizer que algo é 'fácil', equivale a dizer que algo 'se pode fazer'.

OBSERVAÇÃO

1. Derivado igualmente do verbo *facio* e aparentado ao adjetivo *facilis* é o termo *facultas*, que dá lugar em português a 'faculdade' (cf. § 60). O adjetivo 'factível', com um sufixo que indica possibilidade, é, em português, uma variante de 'fácil'. O uso acabou especializando o primeiro termo para assinalar a mera plausibilidade e o segundo para indicar a possibilidade sem obstáculos ('a solução é factível' e 'a solução é fácil').

§ 8. Mediar

'Mediar' é uma forma derivada do vocábulo 'médio', para indicar que um sujeito se coloca entre dois pólos a fim de assegurar a comunicação uni ou bidirecional entre eles. Costuma ser utilizada em relação à práxis docente para indicar a maneira pela qual quem ensina arbitra os modos para facilitar o acesso do aluno ao conhecimento, daí que seja considerado um 'mediador'.

§ 9. Iniciar

'Iniciar' deriva do verbo latino *initiare,* um composto do verbo *ire,* 'ir', 'marchar', de modo que, com o acréscimo da preposição *in-*, indica 'entrar' e, de modo absoluto, 'começar'. *Initium* deu lugar a 'início', e era utilizado na época clássica para mencionar o 'ingresso', a 'iniciação', nas religiões mistéricas. Assim, os 'iniciados' são os que já contam com esse saber. O sentido, por extensão, logo se aplica a atividades que pretendem transmitir os conhecimentos básicos necessários para que um sujeito em situação de aprendizado domine um tema ou matéria determinada.

§ 10. Preparar

'Preparar' é um derivado do composto latino *praeparare*, construído com um prefixo que indica anterioridade e com o verbo *paro*, que tem o sentido de 'procurar', de modo que aponta a uma ação deliberada com um fim de antemão determinado. No contexto da práxis docente se aplica especialmente a aulas ou exames, por exemplo.

OBSERVAÇÃO

1. O verbo *paro* é aparentado com o verbo *pario*, que deu lugar, em português, a 'parir'. A ligação entre eles radica em que ambas as formas derivam da idéia básica de 'produzir'.

§ 11. Ilustrar

'Ilustrar', de *illustrare*, tem sentido e origem similares a 'iluminar', de modo que aponta a tornar mais claro um ponto problemático, como na expressão 'ilustrar com exemplos', *i.e.,* 'aclarar', 'esclarecer com exemplos'. Na conformação do termo encontramos uma relação próxima com a raiz de *lux*, 'luz', que era aparentada semanticamente com *lustro*, de onde surge *illustrare*, que, em alguns contextos, ganhou o sentido secundário de 'esclarecer'.

OBSERVAÇÕES

1. O parentesco com *lux* aproxima o termo aos derivados de *lucere,* como 'lúcido', literalmente 'luminoso', 'brilhante' e 'elucidar', com o sentido de 'esclarecer'.
2. Observemos, como curiosidade, que é aparentado com *lux* um dos nomes para o demônio: *Lucifer,* etimologicamente 'o portador da

luz'. Esse nome, aplicado também à estrela da manhã, tem como paralelo exato em grego o termo *phósphoros*, 'fósforo', de *phós*, 'luz', e *phóros*, 'portador', que, obviamente, nada tem de religioso.

§ 12. Impor

'Impor' deriva do latim *imponere*, termo formado do verbo *pono*, 'pôr', e o prefixo *in-*, com o sentido de 'sobre', de modo que 'impor' significa colocar um peso sobre algo ou alguém. Desde o princípio ligou-se esse vocábulo à idéia de obrigar alguém a levar uma carga já não somente material, mas também intelectual ou emocional, de modo que implica também obrigar alguém a sustentar uma idéia determinada.

OBSERVAÇÃO

1. A valoração negativa do termo se verifica na aparição tardia do termo *impostor*, a partir de *imponere*. *Impostor*, 'impostor', está associado semanticamente a 'mentiroso', uma vez que obriga alguém a fazer algo de modo equívoco.

§ 13. Guiar

O termo 'guiar' é comum às línguas romances de Ocidente e tem origem provavelmente no germânico *witan*. Seu sentido originário implicava 'juntar-se', 'ir com alguém'. No direito feudal era utilizado para referir-se ao fato de escoltar alguém para garantir sua segurança. Em português, implica o labor de mostrar o caminho para chegar a algum lugar, e, no plano abstrato, para alcançar um conhecimento. Em latim esse campo semântico está coberto por *ducere* (cf. § 1).

§ 14. Orientar

Uma das tarefas básicas do ofício docente consiste em 'orientar' o estudante. No termo encontramos um derivado do verbo latino *oriri*, 'elevar-se', 'surgir', dando lugar ao particípio *oriens*, 'oriente', que marca o ponto cardeal onde, precisamente, 'aparecem', 'se elevam' os astros. Pela associação direcional em português o termo 'orientar' tomou o sentido de 'encaminhar', 'assinalar o modo correto de fazer uma coisa'.

OBSERVAÇÕES

1. Derivados da mesma forma são o adjetivo *oriundus*, 'oriundo', 'nascido em um lugar' e o substantivo *origo*, que designava a fonte

de algo e, conseqüentemente, os ancestrais e fundadores de uma raça e de um lugar, em português, a 'origem'.
2. Do composto *aborior*, 'morrer', 'desaparecer', provém *abortus*, 'aborto'.
3. Assim como 'oriente' é o ponto cardeal correspondente ao este e assinala a elevação dos astros, o que assinala o oeste, 'ocidente', indica a queda.

§15. Doutrinar

A base desse composto é o vocábulo 'doutrina', tomado do latim *doctrina*, um derivado do verbo *doceo* (cf. § 32.3), cujo sentido é 'ensinar', de modo que *doutrina* equivale a 'ensino'. 'Doutrina' é um corpo determinado de conhecimentos, presumivelmente sistemáticos; 'doutrinar', tem o significado básico de 'fazer com que alguém siga a mesma doutrina' mediante sua transmissão. A noção de doutrina implica, em geral, um 'dogma' (termo grego com o qual *doutrina* é aparentado – cf. § 35.2), um conhecimento que não está sujeito à discussão, uma vez que funciona como crença fundamental e inquestionável da doutrina, como no caso dos 'dogmas da Igreja', *i.e.*, as bases que sustentam sua teologia. A falta de revisão crítica relativa aos termos *dogma* e *doutrina* faz com que costumem ter uma orientação negativa.

OBSERVAÇÃO

1. É de se notar que da mesma raiz é o grego *dóxa*, 'crença', 'opinião', que foi funcionalizado pela filosofia clássica para dar conta da oposição teórica entre conhecimento e opinião. Enquanto que o primeiro é referido ao vocábulo *epistéme* – às vezes traduzido como ciência e que por essa via dá lugar a 'epistemologia', teoria da ciência –, *dóxa* faz referência à opinião sobre a qual o sujeito que a sustenta não pode oferecer argumentos que a validem (cf. § 35.2 e 132).

§ 16. Professar

Esse termo, estruturado sobre a raiz indo-européia **bha*, com o sentido de falar, tem a mesma conformação que 'professor' (§ 40), de modo que 'professar' é 'proclamar' uma opinião ou saber determinado.

§ 17. Adestrar

'Adestrar' deriva do termo latino *dexter*, que significa 'direita', em oposição a 'esquerda' (*sinister*) e, ao mesmo tempo, assinala aquele que pode utilizar bem sua mão direita, 'destro', por oposição a 'canhoto'. Por extensão, dado que a mão direita é habitualmente a mais dúctil, 'destro' toma o sentido de 'hábil', em geral. O sentido etimológico que se limita a assinalar que 'adestrar' é 'tornar alguém mais hábil', foi obscurecido pela sua restrição semântica ao processo de domar animais, o que influiu em uma orientação negativa do termo quando aplicado a pessoas.

OBSERVAÇÃO

1. A associação entre 'direita' como termo positivo e 'esquerda' como termo negativo está arraigada ao positivo com 'acima' e ao negativo com 'abaixo', tal como se vê no sentido derivado de 'sinistro' em português: 'desastre' ou 'de mau agouro'. Assim também *dexter* tinha em latim o sentido de 'favorável', que não sobreviveu a não ser na associação à habilidade. Isso não se aplica, evidentemente, à utilização da oposição para dar conta do espectro político que deriva da localização dos deputados da Assembléia Constituinte instituída em 1792 após a revolução francesa de 1789. Os partidários da restauração monárquica se localizaram à direita do presidente, enquanto que os partidários da radicalização da revolução, entre os quais se contavam Robespierre, Danton e Marat, se localizaram à esquerda. Assim, as idéias conservadoras que tendem a preservar privilégios para poucos estão associadas à direita, e as idéias que propugnam igualdade de direitos e oportunidades para todos os cidadãos estão associadas à esquerda.

§ 18. Exercitar

'Exercitar' deriva do verbo latino *exercitare*, 'exercitar', que constitui um composto a partir de *arceo*, 'conter', porém não tem relação semântica na época clássica, devido ao seu sentido especializado. A idéia básica de 'fazer exercícios físicos' convive com a de atividades em âmbitos intelectuais, de modo que se pode falar, por exemplo, de 'exercícios matemáticos'.

OBSERVAÇÃO

1. De *exercitus,* cujo sentido básico é 'exercício', deriva o de 'exército', por ser um âmbito que se caracterizava pelo exercício continuado de atividades físicas.

§ 19. Experimentar

'Experimentar' deriva do latim *experior*, que significa 'provar', 'fazer uma experiência'. Esse composto tem uma forma básica – que não se encontra isolada, exceto em formas derivadas como *peritus*, 'perito', 'homem hábil ou experiente em um determinado âmbito' –, com o sentido de 'prova', 'ensaio' e também 'conhecimento prático por atividade repetida' sobre uma coisa, isto é, 'conhecimento empírico', 'derivado da experiência' por oposição a conhecimento técnico. Experimentar é, pois, operar sobre o real com o objetivo de conseguir um conhecimento.

OBSERVAÇÕES

1. A raiz desse termo é aparentada com o grego *peíra*, 'prova', 'tentativa', 'ensaio', e com o verbo *peíro*, 'golpear', 'fender', isto é, 'operar' – outro termo derivado da mesma raiz – sobre o real.
2. 'Perícia' e 'imperícia' são formas aparentadas com o sentido de 'habilidade', 'experiência' e seus contrários 'falta de habilidade' e 'inexperiência'.

§ 20. Dar

Entre as ações associadas à idéia dos afazeres de um mestre, sem dúvida conta a de 'dar', entendida em sentido amplo que vai desde brindar conhecimentos até a contenção emocional que propicia a relação entre quem ensina e quem aprende. O vocábulo 'dar' é o protótipo da construção de transitividade plena, que integra em um mesmo ato um sujeito agente, um objeto a que se dirige a ação e outro agente que recebe os resultados do movimento, de modo que 'alguém dá algo a alguém', o símbolo mesmo da comunicação interpessoal. A raiz indo-européia *do*, de onde deriva 'dar', é uma das mais estendidas nas línguas derivadas, tal como se pode ver a partir do verbo *dídomi* em grego, em sânscrito *dádami*, ou *do* em latim, e seus derivados *donner* em francês, *dar* em castelhano, *dare* em italiano, 'dar' em português, entre outros.

§ 21. Gerar

Entre os alvos a que a educação visa, está o de 'gerar' respostas naquele que aprende. Essa mobilização implica um efeito que se cria no outro. Precisamente, a noção de 'nascimento' de algo é a que se manifesta na forma *geno*, vocábulo latino associado à raiz indo-européia **gn*. O termo conta com numerosos derivados, entre os quais 'engendrar'.

Observações

1. Entre os derivados dessa forma está *genus*, que faz referência tanto a 'nascimento' como a 'grupo social' ou 'espécie a que se pertence', ou seja, 'aquele no qual se nasceu'. Assim, inicialmente eram da mesma *gens* os que remontam a um ancestral comum, isto é, os integrantes de um clã. Posteriormente, a noção se estendeu para designar os integrantes de uma família, um grupo social e, inclusive, um povo, até chegar ao sentido que conservamos em 'gente'. Daí que 'geral' seja o que se aplica a todo um grupo ou espécie, e não a indivíduos ou a casos específicos. A relação com a procriação faz com que *genitor* ou *progenitor* seja o pai, o 'progenitor'. Também *generosus*, 'generoso', se refere a *genus*, de modo que 'generoso' é aquele que é 'nobre', 'de bom nascimento', do mesmo modo que em grego toma esse sentido *gennaíos*, derivado da forma *génos*, de origem similar ao latino *genus*.

2. Da mesma raiz é *genius*, 'gênio', como divindade tutelar que aparece com o nascimento. Alguém *genialis*, 'genial', é aquele que se entrega a seu gênio e, portanto, é feliz. Nesse sentido, essa noção se associa à figura do *demon* (*daímon*) que, na tradição grega, constituía uma deidade inferior ligada de modo pessoal a cada homem, de maneira que mantém alguns pontos de contato com o que a tradição posterior conhece como "anjo da guarda". O mito de Er que fecha a *República* de Platão (617c- 620d) inclui o relato do modo como o *demon* se une ao homem pronto para nascer.

3. Sobre a relação entre *nascor*, 'nascer', e *nosco*, 'conhecer', cf. § 123.

QUEM ESTUDA?

§ 22. Aluno

Em geral, chamamos 'aluno' ao sujeito que estuda no âmbito de uma instituição. O termo foi, curiosamente, objeto de uma explicação etimológica disparatada que o faz derivar de um suposto *a*, 'não' – remetendo a um alfa privativo próprio do grego – e *lúmen*, 'luz'. Aluno seria 'o que não possui luz', 'o que está no escuro', e que, portanto, busca "iluminar-se" mediante o estudo. Essa explicação, decerto, não resiste à menor análise histórica ou lingüística. Basta pensar que teria de se tratar de um composto híbrido que apresentaria uma raiz puramente latina, *lúmen*, unida a um prefixo privativo grego *a-*. A rigor, o termo 'aluno' está aparentado semanticamente ao verbo educar (cf. § 1). Viu-se que uma das etimologias ligadas à idéia de educar se relaciona com 'alimentar'. Não é de se estranhar, então, que aquele que recebe o alimento seja o 'aluno'. Precisamente essa á a acepção do termo latino *alumnus*, que, assim como *alimentum*, está formado a partir da raiz *al*, encontrada no verbo *alere*, 'alimentar'. *Alumnus* tem, pois, uma primeira acepção de 'criança', literalmente 'o que é alimentado', e outra derivada e abstrata que ganha o sentido de 'discípulo' (cf. § 24).

OBSERVAÇÕES

1. Há casos claríssimos da existência de híbridos nas línguas modernas; basta citar, como exemplo, 'automóvel', construído sobre a base do termo de origem grega *autós*, 'si mesmo', 'por si mesmo', e o de origem latina *mobilis*, 'móvel'. No entanto, é preciso notar que esses casos costumam ser sempre construções tardias, e

nunca elaborações próprias da língua. O caso de 'automóvel', certamente, se ajusta a esse padrão, enquanto que em 'aluno', são seguidos os parâmetros de evolução lingüística da passagem do latim ao português.

2. Da mesma raiz *al provêm, ademais, por um lado, o adjetivo latino *altus*, 'alto', 'profundo', 'crescido', de onde 'enaltecer', 'exaltar', e por outro lado, as formas compostas *aboleo* e *proles*. No caso de *aboleo*, 'atrasar o desenvolvimento de', donde nosso 'abolir', trata-se da raiz com o prefixo *ab-*. *Proles*, 'estirpe', 'descendência', por sua vez, está construída com o prefixo *pro-* e dá lugar aos derivados 'proletário', *proletarius*; 'prolífero', composto de *proles* e *fero*, 'levar', e 'prolífico', de *proles* e *facio*, 'fazer'.

3. O vocábulo 'alunado' é um americanismo gerado a partir do modelo de 'professorado'.

§23. Adolescente

Podemos aqui salientar também outro erro freqüentíssimo: crer que 'adolescente' quer dizer 'o que adoece', ou seja, ' o que sofre', supondo que o termo está aparentado com a raiz de 'dor' e, portanto, 'adolescência' indicaria que essa etapa da vida estaria especialmente marcada pela angústia e pela instabilidade anímica. Nada disso está indicado na palavra, ainda que 'adolescer' tenha uma efetiva relação com 'dor' e 'doença', derivados do latim *dolor*. Não é essa a origem da palavra que se refere à etapa entre a infância e a idade adulta. Assim, 'adolescente' vem do particípio presente do verbo latino *adolescere*, composto de *ad*, que indica 'direção a', mais a forma incoativa do já mencionado *alere* (cf. § 22): *alescere*. 'Adolescente', então, é 'o que começa a ser alimentado', 'o que recebe os primeiros alimentos' e, em conseqüência, cresce. O verbo latino *adolescere*, precisamente, significa, em seu sentido forte, 'crescer'. Assim, 'o que cresceu', é o 'adulto', de *adultus*, forma do particípio passado desse mesmo verbo.

Observações

1. Desde o séc. XIV está testemunhado em português o uso do termo 'adolescência', e no séc. XVII já aparece o termo 'adolescente'.
2. Para outras formas como 'aprender' e 'assimilar' que estão formadas também com o prefixo *ad-*, cf. § 125 e 128.

§ 24. Discípulo

Dissemos que *alumnus*, 'aluno', em sua segunda acepção, equivale a *discipulus*, 'discípulo' (cf. § 22). O último termo tem uma raiz certa e reconhecida no verbo *discere* (cf. § 125.2) que significa 'aprender'. Assim, o 'discípulo' é 'o que aprende', 'o aluno', 'o aprendiz'. Também se propôs a etimologia de *discipulus* como um composto de *discere* e da raiz que dá lugar em latim a *puer*, 'criança', e em grego a *paîs*, 'criança', e a *pólos*, 'filhote', com o que se salientaria a relação entre a aprendizagem e a infância.

OBSERVAÇÕES

1. Já no séc. XII aparece em português a forma *dicipolo*.
2. Cf. *puer* no § 25 e sua etimologia, a mesma de *paîs* e *pôllos*, no § 25.8.

§ 25. Criança, infante, pueril (latim *puer*)

O termo que usamos para nos referir a indivíduos de tenra idade é 'criança'. O português não conservou os termos que em latim estavam afeitos à noção de 'criança', mas desenvolveu um vocábulo, já presente na época clássica, ligado ao verbo *creo* e ao substantivo *creatio*. Ambos se referem à noção de 'produzir', 'aumentar' e, inclusive, no terreno do direito, 'elevar', no sentido de nomear alguém para assumir uma magistratura. Não foram vocábulos muito utilizados até a irrupção do cristianismo que, em sua sistematização doutrinal, teve de dar conta da tese da produção divina do mundo a partir do nada, para o que afetou o termo *creatio*, 'criação', para traduzir o que, com o mesmo sentido, o grego denominava *ktísma*. Essa funcionalização da noção de *creare*, 'criar', assegurou sua multiplicação em numerosas línguas modernas para se referir ao que se inventa ou produz.

Por outro lado, a raiz de *creo* deu lugar também à variante intransitiva *cresco*, 'crescer', que compartia com *creo* o sentido de 'chegar à existência', mas estava especializada no aspecto de 'aumentar'. Essa relação propicia a evolução do português, que toma do baixo latim a forma *creantia*, derivada de *creatio*, com o mesmo sentido, para chegar ao termo 'criança'. Primeiro indicando igualmente a noção de 'criação' em geral, para especializar-se, a partir do séc. XIV, no âmbito dos seres vivos, no sentido de 'cria' dos animais, para depois se restringir ao âmbito humano. A relação entre *creo* e *cresco* justifica sua aplicação ao plano da infância, que reflete, ao mesmo tempo, o aspecto de 'nascer', e nesse sentido 'ser criado', e o de 'crescer'.

Em geral, *infans* podia designar criança em idade muito mais avançada que aquela em que 'não falam', de modo que essa denominação é usual para as crianças até os sete anos (cf. obs. 5). Assim, *infans* pode designar a criança no sentido ordinariamente reservado a *puer*. Na verdade, são encontrados usualmente usos de *infans* referindo-se a pessoas que se aproximam inclusive dos treze ou quinze anos. Então, podemos entender que *infans* não remete especificamente à criança pequena que não adquiriu ainda a capacidade de falar, mas se refere aos que, por sua minoridade, não estão ainda habilitados para testemunhar nos tribunais: *infans* é assim 'o que não se pode valer de sua palavra para dar testemunho'. *Puer* tem, ademais, um sentido plenamente temporal que o diferencia de *liberi*, que se refere a crianças, mas só por referência a seus pais, enquanto 'filhos' (cf. obs. 8). Também, da mesma maneira que *paîs* (cf. obs. 8), seu equivalente grego, *puer* usa-se para referência ao 'escravo jovem' (cf. obs. 8).

Observações

1. Da raiz de *creo*, por acréscimo do prefixo *pro-*, derivam os compostos 'procriar', 'procriador', 'procriação'. Também *recreare*, que dá lugar a 'recreio' (cf. § 69), é um composto formado sobre o mesmo termo básico.

2. De *cresco* foram geradas as formas conservadas 'concreto' (*concretus*), com o sentido de 'formado por agregado de partes' e, por extensão, 'material'. Também 'incremento' (*incrementum*). A noção de 'aumento' aproxima esse vocábulo de *augeo*, mencionado a propósito de 'auxílio' no § 52.

3. O castelhano faz uso de uma forma local, 'niño', termo presente também no catalão e em usos occitanos e italianos. Sua origem é atribuída a um uso expressivo do tipo **ninnus*. Com efeito, a expressão 'nana-neném' era uma forma usual utilizada como canção de ninar, e é assim que no português e no italiano central só se manteve esse uso. Por outro lado, o castelhano incorporou, entre os derivados de *creo*, as formas 'criar', com o sentido de 'produzir', e 'criar', com o sentido de 'cuidar', 'encaminhar' seres vivos, sejam animais ou homens. Nesse sentido, se bem que o substantivo 'cria' se use para a prole dos animais, em registro coloquial se

usa em castelhano o termo 'crio' como 'criança' e o coletivo 'cria' para se referir a várias crianças, o que se aproxima ao uso generalizado em português.

4. 'Nenê', 'neném' e 'nené' são termos provenientes da voz infantil *ninna*, não estão aparentados com as raízes greco-latinas que mencionam a infância e parecem ser de cunho hispânico (cf. obs. 3). A palavra latina equivalente a 'criança' é *puer*. Esse termo faz referência à extensão de tempo que se dá entre a infância (*infantia*, cf. obs. 5) e a adolescência (*adulescentia*, cf. § 21), se bem que os limites estão longe de ser claros.

5. Um indivíduo de pouca idade é denominado *infans*. Esse termo está formado pelo prefixo privativo *in-* e por *fari*, 'falar', daí seu sentido de 'que não fala', 'incapaz de falar'. Tão forte é seu sentido originário que Lucrécio emprega ainda o substantivo derivado *infantia* com o sentido de 'incapacidade de falar'. Porém, logo *infans* (substantivado) e *infantia* são empregados no sentido de 'infante', 'criança' e 'infância', respectivamente. De fato, é desse sentido que se geram os derivados e compostos, todos de época imperial, como *infantilis*, 'infantil'; *infanticidium*, 'infanticídio', etc. Para efeitos legais, as idades estavam tipificadas do seguinte modo: até os sete anos de idade as crianças, como já dissemos, recebiam o nome de *infans,* 'infante', pelo fato de se levar em conta que, até essa idade, não haveria uma maturidade que assegurasse uma compreensão cabal da linguagem e suas implicações no plano sócio-jurídico; entre os sete e os 14 – e por vezes 12, no caso de mulheres – eram chamados *impuber*, 'impúber', isto é, alguém que não alcançou a *pubertas*, 'puberdade', que é a condição para levar a cabo atos legais sem a necessidade de recorrer a um tutor. A partir dos 12 ou 14 anos, até os 25, a denominação era *adulscens*, 'adolescente', ou, às vezes, *adultus*, 'adulto', termos ligados à alimentação e que fazem referência ao desenvolvimento do indivíduo (cf. § 23). Até os 25 anos se era legalmente *minor*, 'menor', e só a partir daí se era considerado *maior*, 'maior'.

6. Para uma cultura na qual a *res publica* é tema de importância central, os que não podem participar são, de algum modo, marginais; temporariamente, no caso dos menores e, definitivamente, no caso dos deficientes mentais, aos quais também se costumava chamar *infantes*.

7. *Liberi* é um substantivo coletivo que designa a criança 'por referência a seus pais', sem estabelecer diferenças de idade. À diferença de *infans* e *puer*, *liberi* – que só se usa em sua forma plural, inclusive com referência a um único indivíduo – está caracterizado por um valor técnico e jurídico ausente nos outros termos. Sua forma está aparentada com a raiz de *libertas*, 'liberdade', e *liber*, 'livre', e seu uso se explica pela organização da família antiga, que não inclui somente o que hoje consideramos o núcleo familiar, isto é, o casal e seus filhos; seu sentido é muito mais amplo e inclui os serviçais. Família é, assim, o conjunto de indivíduos que convivem sob um mesmo teto e que estão subordinados a um *pater* – por isso denominado usualmente *pater famílias*. Nesse conjunto existem, então, dois grupos bem diferenciados quanto ao caráter de sua descendência: o das crianças ou descendentes livres, fruto do matrimônio estabelecido segundo as leis romanas, portanto livres e futuros cidadãos, e o dos descendentes servos (*servi*), filhos dos escravos que integram a casa.

8. Da mesma raiz que os latinos *puer* e *puella*, 'criança' ou 'garoto' e 'garota' respectivamente, o grego *paîs* remete à raiz indo-européia que toma a forma *pa/po* em grego e *pu* em latim, cujo significado básico é 'alimentar' ou 'alimentar-se'. Da mesma raiz são os termos *patéomai*, 'comer'; *páomai*, 'comer', 'degustar'; *ápastos*, 'sem comer', 'jejum' (latim *impastus*); *patér*, 'pai' (latim *pater*), 'o que alimenta', cf. sânscrito *pitar* (§ 34.2); *paidíon*, 'jogo'; *paideía*, 'cultura', 'educação' (§ 1.2), *paidiá*, 'jogo'(§ 90.2); *paízo*, 'jogar'; *póa* (latim *pasto*), 'repasto'; *poimén* (latim *pastor*), 'pastor', 'o que leva a comer'; *pôlos* (latim *pullus*), 'filhote'.

9. O termo 'pupilo' se originou a partir *pupillus*, nome dado ao menor impúbere, ou seja, menor de 12 ou 14 anos que não estava sob o cuidado e direção do pai, e sim a cargo de algum protetor ou tutor.

§ 26. Estudante

'Estudante' constitui um particípio ativo do verbo 'estudar' com o sentido de 'o que estuda', assim como 'governante' é 'o que governa' e presidente 'o que preside'. Seu sentido originário está ligado a 'dedicar-se' a ou 'esforçar-se por algo' (cf. § 91).

§ 27. Educando

Com o sentido de 'estudante' costuma usar-se também o vocábulo 'educando', que é, na verdade, o gerundivo latino do verbo *educare* (cf. § 1). O gerundivo, adjetivo verbal não conservado em português, implicava a noção de obrigação, de modo que *educandus* é 'o que deve ser educado'.

OBSERVAÇÃO

1. Como formas latinas do gerundivo supérstite em português encontram-se, por exemplo, 'agenda', de *agenda* (neutro plural), 'coisas que se devem fazer' e o mais técnico 'adendo', de *addenda* (plural de *addendum*), 'o que deve ser agregado' e 'oferenda', de *offerenda*, 'coisas que serão oferecidas'.

§ 28. Colegial

Para referir-se a uma criança em fase escolar utiliza-se o termo 'colegial', no sentido daquele que assiste às atividades escolares ou forma parte de um colégio.

OBSERVAÇÃO

1. Para a conformação do termo 'colégio', aparentado também com 'colega', cf. § 56.

§ 29. Ouvinte

Para referir-se ao *status* de um estudante que não assiste de forma regular a um curso, utiliza-se o termo 'ouvinte', que, enquanto particípio ativo do verbo 'ouvir', significa 'o que ouve', por oposição ao que participa ativamente, de forma completa na atividade e é o destinatário primário do ensino em questão.

§ 30. Menor

O termo 'menor', aplicado às crianças como forma abreviada de 'menor de idade', origina-se do adjetivo em grau comparativo *minor*, 'menor', cujo superlativo é *minimus* e dá lugar em português a 'mínimo'. *Minor* funciona como comparativo do positivo *parvus*, de outra raiz.

OBSERVAÇÃO

1. Em português arcaico as crianças são chamadas 'párvulos', termo que remete diretamente à forma latina *parvulus*, literalmente 'pequenino'. *Parvulus* constitui em latim um diminutivo de *parvus*, 'pequeno', o qual se evidencia na desinência -*ulus* (-ulo em português).

§ 31. Aprendiz

Em âmbitos não institucionalizados e, em geral, no ensino de ofícios, costuma-se utilizar o termo 'aprendiz' para caracterizar o aluno. Sua relação com 'aprender' é transparente e se caracteriza pela adjunção de um sufixo agente, indicando que o sujeito ao qual se aplica é o que realiza a função indicada no significado básico do termo.

§ 32. Seminarista

Em cursos especiais, os participantes recebem denominações específicas e seria de se esperar que o que assiste a um seminário (cf. § 115) seja um 'seminarista'. No entanto, esse termo se especializou para os que seguem a formação sacerdotal. Ainda que nos âmbitos acadêmicos se realizem seminários, não se denominam seus participantes 'seminaristas'. Algumas vezes, o termo 'seminarista' se aplica não àquele que assiste a um seminário, mas a quem o conduz. Assim, 'seminarista' pode ser também o docente do seminário.

§ 33. Estagiário

Na tarefa de formação de recursos humanos é costume levar-se a cabo trabalhos de estágio, em que alunos ou graduados realizam tarefas específicas que os aproximam dos trabalhos de pesquisa ou de docência. A denominação 'estagiário' ingressou no português provindo do francês *stagiaire*, por sua vez derivado de *stage*, que faz referência igualmente ao período de treinamento em uma tarefa. Esse termo se formou a partir do vocábulo latino do período medieval *stagium*, que se relaciona com o verbo *sto*, 'estar'. O 'estagiário' é, então, o que 'está integrado' na docência ou na pesquisa, não de modo regular mas como uma instância de sua formação.

OBSERVAÇÃO

1. Enquanto que o francês e o português privilegiam a estância do praticante no posto, o castelhano ressalta a instabilidade da função

recorrendo ao termo 'passante', particípio de 'passar', do latim *passare*, para indicar o que 'está de passagem'.

§34. Bacharel

O termo 'bacharel' não remonta ao latim clássico, mas é muito provável que estejamos diante de um termo de origem gaulesa, isto é, da população originária das terras francesas antes da conquista romana. O termo, ao introduzir-se no latim, deu lugar ao francês *bachelier*. Podemos retroceder, assim, no latim vulgar, até o termo *baccalaris*, que designava um jovem que aspira a ser cavaleiro e, portanto, está em processo de formação. Essa referência ao avanço nos estudos ou no nível social pode explicar que o termo tenha sido utilizado depois para indicar o título que outorgavam as Universidades, como 'bacharel em artes'. Inicialmente, em português, 'bacharel' era o indivíduo graduado em Direito e, por extensão, passou a designar aquele que obtém o primeiro grau de formatura em qualquer curso universitário. Por outro lado, na origem, os bacharéis eram aqueles que aspiravam a esse reconhecimento, e não os que já o tinham, com o que, nos sentidos antigos do termo, se misturam matizes depreciativos, uma vez que ele estritamente se referia a jovens que não haviam alcançado reconhecimento social. Está aparentado, nesse sentido, com o occitano 'bacalar', que significa 'preguiçoso', e é provável que também se relacione a 'velhaco'.

OBSERVAÇÃO

1. *Bachelier* se estendeu também ao inglês na forma *bachelor*, ainda que só com o sentido de 'homem solteiro'. Tal forma conviveu com o uso desse termo como título universitário. Nesse último sentido, nas Universidades medievais, em geral, o título de bacharel contrastava com o de Maestro (*master*), que era um título superior e implicava maior formação e reconhecimento.

QUEM ENSINA?

§ 35. Docente

O termo mais amplo para fazer referência ao que leva adiante a tarefa de educar é, em português, 'docente', uma vez que se refere aos agentes de qualquer nível do sistema educativo. O vocábulo latino clássico que dá lugar em português a 'docente' e 'docência' é o verbo *doceo*, que deriva de uma raiz com o sentido básico de 'aceitar'. A partir daí, por seu valor causativo, ganha o sentido de 'fazer aceitar', donde 'fazer aprender' e, portanto, 'ensinar'. Opõe-se, então, a *discere*, que, sem valor causativo, conserva o sentido de 'aceitar', 'acolher' e, portanto, 'aprender' (cf. § 125.2).

OBSERVAÇÕES

1. A raiz i.e. *dek, 'tomar', 'aceitar', dá lugar em grego ao verbo *dékhomai*, cujos derivados persistem em numerosos termos em português, como 'diádoco', do grego *diádokhos* – 'sucessor', 'o que recebe' – e, 'pandectas', no qual a raiz está precedida do elemento *pân* 'todo' – 'livros que compilam tudo', 'compilação'. É conhecida com esse nome a compilação do direito civil romano realizada por Justiniano no século VI d.C. Também 'sinédoque', de origem grega, tem como base essa mesma raiz, a que se agregam dois prefixos sucessivos, *sun-* e *ek-*, e se refere ao tropo pelo qual se designa o todo com o nome de uma de suas partes.

2. Também em grego a raiz *dek perdurou no verbo *dokéo*, que deu lugar a *dogma* (cf. § 15) e *dóksa*, este último termo de amplas ressonâncias filosóficas, significa 'opinião', 'crença' – geralmente por oposição ao certamente verdadeiro. Ainda que *dóksa* não se

tenha conservado em português, a não ser como recorrência técnica do jargão acadêmico, são variados os compostos a que deu lugar. Assim, por exemplo, 'heterodoxia', 'de crença diferente'; 'ortodoxia', 'crença reta ou correta' e 'paradoxo', 'o que está junto à *dóksa*', 'o que corre em paralelo' e, portanto, é alheio e aparentemente incompatível com ela, com os prefixos *héteros*, 'diferente'; *orthós*, 'reto' e *pará*, 'junto a'.

3. Um composto do latino *doceo* é *edoceo*, a partir da preposição *eks*, que marca neste caso a radicalização da ação, de modo que *edoceo* significa 'ensinar a fundo', 'instruir integralmente'. Existe uma conformação similar no grego *ekdidásko* (cf. *didásko*, § 79).
4. Nosso termo 'direita' provém igualmente dessa raiz pelo latim *dexter*, que gera derivados como 'destro', 'ambidestro' e 'destreza' (cf. § 17).
5. Os termos 'docente' e 'docência' são de tardia incorporação.
6. Entre os derivados da mesma raiz de 'docente', isto é, *doceo*, encontra-se o termo 'doutor', com o primitivo significado de 'mestre', 'o que ensina'. Logo passou a designar certo título universitário. Pronunciava-se 'dotor' até já entrado o século XVII. Igualmente derivados de *doceo* são 'dócil' ('que aprende facilmente') e 'documento' ('instruções', ensino').

§ 36. Mãe

O termo 'mãe' tem sua origem no latino *mater* – cujo equivalente grego, da mesma raiz e conformação, é *meter* – e remonta à raiz indo-européia *ma/mel,* que significa 'produzir', nutrir'. Daí que designe 'a que alimenta o infante' e, por isso mesmo, *mater* pode significar 'ama de leite'.

Do mesmo modo que *pater*, *mater* implica uma idéia de respeito, evidenciada na expressão usual *mater familias*, paralela a *pater familias* (§ 34), se bem que seu sentido é mais honorífico e respeitoso e não guarda relação com seu correspondente masculino, já que ser *mater familias* não implicava poder efetivo sobre os outros nem que esses outros estivessem a ela subordinados. Usualmente, e em virtude do sentido de respeito que implicava, do mesmo modo que *pater*, costumava utilizar-se para referir-se a mulheres ou deidades femininas que não eram necessariamente as mães biológicas, como no caso das apelações do tipo *Vesta mater*.

Observações

1. Em grego, além de *metér* respondem à mesma raiz os termos *maîa*, 'mãe', 'ama de leite'; *mámme*, 'mamãe', 'mãe'; *maieío*, 'fazer parir', 'nutrir' – donde o conhecido nome de 'maiêutica', aplicado ao método socrático –; *masáomai*, 'alimentar-se', 'morder'; *metrís*, 'terra materna'; *metriné*, 'madrasta'; *metrôos*, 'materno'; *Demeter*, 'mãe terra', com *dê-*, forma dórica, por *gê* – 'terra'.

2. Derivado de *mater*, *matrimonium* significa 'maternidade legal', 'casamento', 'matrimônio' e, na época imperial, 'mulher casada', 'esposa'. O plural coletivo *matrimonia* é formado a partir da forma *patrimonia* – derivada de *pater*. A forma derivada de *mater* não indica idéia de propriedade nem de direito sobre as coisas, que é inseparável da forma masculina e que está testemunhada em 'patrimônio'.

3. Em latim não existe um adjetivo do tipo **matrius*, que teria dado em português à forma '**mátrio*', assim como *patrius* deu 'pátrio' e 'pátria'. Isso se explica pela impossibilidade que o antigo direito patriarcal estabelecia de que as mulheres possuíssem propriedades, incluindo as terras, e de que pudessem realizar testamentos. Assim, não havia possibilidade de que uma terra viesse a ser possuída por via materna. O adjetivo de *mater* é *maternus*, 'materno', no qual o sufixo -*no* marca a origem, como sucede nos adjetivos *italiano*, 'de Itália', e *eburnus*, 'de marfim', 'ebúrneo', derivado de *ebur*, 'marfim'. Já no grego existe a forma *metrís*, 'materno', com o significado habitual de 'terra materna', equivalente feminino de *patrís*, 'pátria'.

4. *Mater* se diz também dos animais e plantas, à diferença de *genetrix* e *mamma*, outros dois termos para nomear a 'mãe'. No caso das plantas, refere-se ao tronco principal que dá origem a outros. Da mesma raiz é *matrix*, 'matriz', que tem também o significado de 'que alimenta' e se usa habitualmente para fazer referência a 'o tronco principal', 'o que produz rebentos' (cf. grego *métra*). Daí procede o derivado *matrícula*, diminutivo de *matrix* – que dá idêntica forma em português –, com o sentido de 'registro', 'tronco principal' no qual consta algo e do qual saem os dados.

5. A partir do sentido produtivo de *mater* seu campo semântico se amplia até significar 'causa', 'origem', 'fonte'. É ilustrativo a esse respeito o composto grego *metrópolis*, '*pólis*-mãe', 'cidade-mãe', no sentido de cidade de origem em relação às novas colônias.

Outro termo aparentado com esse sentido é *materies*, 'matéria' (cf. § 73). Trata-se aí de um termo da língua camponesa que significava 'substância de que é feita a *mater*', isto é, de que é feito o tronco de árvore enquanto produtor de rebentos, isto é, 'madeira'. Igual ao grego *hýle*, que sem conexão etimológica com *materies* também significa originariamente 'madeira', *materies* vem significar 'matéria' no sentido atual amplo de 'material' de que uma coisa é feita, enquanto a madeira é o elemento, o 'material', que utilizam os carpinteiros, e era o elemento, por excelência, da fabricação de objetos na Antigüidade. Por extensão, passa, então, a denominar qualquer substância da qual uma coisa é feita ou o elemento para construir alguma coisa.

6. 'Mãe' é, em português, comum a todas as épocas. A raiz latina se conserva em todas as línguas românicas, exceto no romeno.

§ 37. Pai

Nosso vocábulo 'pai' tem origem no termo latino *pater* – da mesma raiz que o grego *patér* –, aparentado com o sentido de 'alimentar' ou 'alimentar-se', de modo que o pai é, em sua origem, 'o que alimenta' (cf. § 23.1). *Pater* não designa propriamente a paternidade física, mas está caracterizado por sua conotação social. A paternidade física é referida em termos como *parens* ou *genitor*. *Pater* remete ao *dominus*, ao 'senhor da casa', ao *pater familias*, 'pai de família' no sentido de chefe indiscutível do grupo familiar que inclui todos os habitantes da casa, livres ou escravos.

Por outro lado, *pater* implica um forte matiz de respeito e se usa, nesse sentido, para dirigir-se tanto a deuses como a homens proeminentes. Há um valor social e religioso presente já no indo-europeu e se transmite a todas as línguas que adotam essa raiz.

Observações

1. O plural *pateres* designa os 'ancestrais'.
2. *Pater* tem, como dissemos, um forte valor religioso não só em latim, mas em todas as línguas indo-européias. É de se notar que o nome do deus supremo dos latinos é *Juppiter* – *Jupater* em umbro –, em que se aprecia o elemento *pater*. O grego *Zeús* cumpre essa mesma função e é igualmente chamado pelo epíteto *patér* (cf. Homero *Il.* I, 503, II, 371, etc.), enquanto chefe e reitor de deuses e homens.

3. A persistência da raiz latina se faz sentir em todos os vocábulos que designam o 'pai' nas línguas romances, salvo no romeno e no sardo, que se valem de outros termos. Em castelhano, nas zonas de Andaluzia e no Chile, se cunhou a variante *paire*, donde surgiu *"pay"*. O galego-português alterou em *pai* e *mai*, provavelmente por influência da pronúncia infantil. Essas formas aparecem já na idade média, mas nunca obscureceram a freqüência das formas mais difundidas.

§ 38. Tutor

O termo 'tutor' vem da forma latina *tutor*, que significava 'protetor', aquele a quem por via legal se encarregava a criação e a educação de um menor. A idéia de proteção deriva de sua relação com o verbo *tueor*, que tinha um sentido antigo de 'ver', e se especializa rapidamente no sentido de 'guardar', 'proteger'.

OBSERVAÇÃO

1. Sobre o termo, cf. também § 141.

§ 39. Mestre

'Mestre' é um derivado do latim *magister*, sem dúvida a partir de **magistero-s*. Para rastrear sua origem é preciso remeter-se aos dois elementos que entram na sua composição: o advérbio *magis*, 'mais', derivado da raiz indo-européia **meg*, e o sufixo **-tero*, cuja função é marcar a oposição entre dois termos. Daí que *magister* seja 'o melhor', 'o que sabe mais' em um âmbito determinado. *Magister* passa a ser, por extensão, 'chefe', com uma amplitude muito vasta. Assim, encontramos *magister populi*, 'chefe do povo', 'ditador' no sentido de 'o melhor', 'o que mais sabe', 'o que rege' o povo; com o mesmo sentido tem-se *magister equitum*, literalmente 'o melhor dos cavalheiros'. O sentido habitual de 'mestre' e 'chefe' surge da linguagem do direito e da religião. Assim, *magister sacrorum* é 'mestre dos sacrifícios' e *magister Arvalium*, 'mestre dos arcales' (sacerdotes de Ceres). Com esse sentido passou a ser aplicado a numerosas áreas: das magistraturas civis, do âmbito militar e, claro, do escolar, como *magister ludi*, literalmente 'mestre de jogo (cf. obs. 3), e logo a forma isolada *magister* passou a denominar o mestre-escola.

Observações

1. É provável que *magisterium* tenha tomado sua forma a partir do modelo de *minister*, 'ministro' (§ 48), do advérbio *minus*, que dá lugar ao verbo *ministrare*, gerador do derivado *ministerium*, 'ministério'. Cf. seu composto *administrare*, 'administrar'.

2. Outros termos aparentados com *magister* são *magistra*, 'mestra', 'diretora'; *magistratus*, 'magistrado', que é o 'mestre ou chefe do povo', com o mesmo sentido de *magister populi* (cf. *supra-*): dessa acepção surge o sentido de 'cargo de magistrado'.

3. Em *magister ludi*, notemos que *ludus* tem a acepção de 'jogo', como demonstra nosso adjetivo 'lúdico'. Estabelece-se então uma relação intrínseca entre o jogo e o aprendizado, de modo que o termo passou a significar tanto 'jogo' como 'escola'.

4. A mesma raiz *meg, que dá lugar em grego ao termo *mégas*, 'grande', está testemunhada em múltiplos compostos que se incorporaram ao português – 'megafone', 'megalito', etc. O sânscrito, por sua vez, gera a partir dessa raiz o termo *maha*, de significado igual ao das variantes grega e latina, 'grande', que encontramos, por exemplo, em *maharáha*, 'marajá', 'rei ou príncipe da Índia'.

5. O latino *magister(tri)*, 'o que manda' (ou dirige, ordena, guia, conduz), 'diretor', 'inspetor', 'administrador', 'o que ensina', provavelmente por influência do francês antigo, persistiu em todos os romances. A primeira documentação castelhana evidencia o termo como 'maistro', em 993. 'Mestre' aparece escrito já em 1194. Ademais do sentido de docente, que está reforçado pelo uso de 'mestre-escola', 'mestre' apareceu também em numerosos usos secundários, incluindo o de 'cirurgião', testemunhado em 1691. As formas 'maesso' e 'maesse' serviram como tratamento de consideração entre as classes populares para dirigir-se a artesãos, músicos, etc.

6. Derivados como 'magistrado', 'magistratura' e 'magistério' são cultismos tardios.

§ 40. Professor

'Professor' vem do latim *professor*, e este, do verbo *profitari*, composto de *pro* e *fateri*, textualmente, 'declarar ante', 'proclamar'. O verbo *fateri*, a rigor, guarda a acepção de 'reconhecer', 'confessar', e sua raiz latina *fa*, do indo-europeu *bha, é a mesma que aparece, por exemplo, em *fabulare*, a qual, por meio do romance *fablar*, deu lugar ao nosso 'falar'. O termo *professor* em latim clássico já tem a acepção de 'mestre', como o que 'declama', 'ensina'.

OBSERVAÇÕES

1. Derivados da raiz *fa são os termos *fabula*, 'fábula', *facundus*, que dá em português 'facundo', 'eloqüente'; *affabilis*, 'afável' – pessoa com quem se pode falar –; *inefabilis*, 'inefável' – inexpressável –; *infans*, 'infante' – literalmente, 'que não fala' (cf. § 25) –; *praefatio*, 'prefácio'; *fama*, 'fama'; *infamus*, 'infame', etc. De *fatum* provém 'fado' – 'destino' – e 'fada' – de *fata*, plural de *fatum*, referindo-se às Parcas, personificações do destino.

2. O grego conserva a mesma raiz, que dá lugar a um dos principais verbos de dizer: *phemí*. Essa forma está na origem de múltiplos derivados, alguns deles conservados em português, por exemplo: 'afasia', 'disfasia', 'blasfêmia', literalmente 'falar mal' (de algo ou alguém) – composto de *blas-*, 'mal', uma forma derivada de *bállo*, 'lançar', 'ferir'. Da mesma composição é 'magoar', do verbo *blasphemeo*, 'ofender', 'ferir'. O composto oposto de *blasphemía* é *euphemía*, 'palavra de bom augúrio', dando lugar, em português, a 'eufemismo' que tem um matiz especial, já que supõe que a declaração otimista ou positiva tem um tom irônico sem correlato real. A mesma raiz dá em grego *phoné*, 'voz', cujos derivados são numerosos em português, por exemplo: 'fonema', 'fonética', 'fonação', 'afonia', 'sinfonia', 'cacofonia', 'telefone', etc.

§ 41. Reitor

O reitor costuma estar a cargo da direção de instituições educativas de nível médio e superior. Seu nome provém do latim *rego*, que significa 'dirigir', 'governar' e que corresponde a uma raiz indo-européia de sentido geral 'mover em linha reta', 'conduzir'.

OBSERVAÇÕES

1. Da mesma raiz se conservam em português 'reto', 'retificar' – 'fazer (*facio*) reto' –; 'reger' – correspondente em português de *rego* –, 'regime', 'região', 'endireitar' – pôr direito –, 'corrigir', 'correto', 'erguer' – de *erigo*, 'pôr direito' –, 'surgir' – de *surgo*, 'pôr-se em pé', 'insurgente' – 'que se levanta contra outro'. O latim desenvolveu também sobre essa raiz termos como *rex*, 'rei' – donde 'regente',

outro nome habitual dentro do organograma de algumas instituições escolares –; *regula*, 'regra' – de onde derivam 'regulamento', 'regular', etc. – e *rogo*, 'rogar', 'pedir', no sentido de estender, pôr a palma da mão para cima.

2. Em português há também a forma 'regedor' junto à de 'reitor', ambas provenientes de *rigo* com sufixo agentivo.

§ 42. Diretor

O nome 'diretor', regente das instituições de ensino fundamental, provém do verbo latino *dirigo* – donde nosso português 'dirigir', formado a partir do tema verbal *rego-*, que encontramos também em 'reitor' (§ 41). Dessa maneira, tanto em 'reitor' como em 'diretor' está presente a idéia de condução, em consonância com o papel de organizadores institucionais.

OBSERVAÇÕES

1. Em português, *dirigo* deu lugar, entre outros, a 'direto' e 'direito'.
2. A raiz i.e. **reg* gerou em grego o verbo *orégo*, 'tender a', donde *óreksis*, termo que se refere a desejo. Em português 'anorexia' é um composto de *óreksis* mais alfa privativo, com o que a anorexia constituiria uma ausência de desejo, neste caso de apetite.

§ 43. Vice-reitor, vice-diretor

Os termos 'vice-reitor' e 'vice-diretor' constituem um composto com base no prefixo 'vice-' e nos termos 'reitor' e 'diretor', tratados nos § 41 e 42. Em latim clássico existia um substantivo *vix* empregado só em alguns casos: acusativo, ablativo e, às vezes, genitivo. Era usado sobretudo em locuções adverbiais: *vicem* ou *vice*, 'no lugar de'. No baixo latim aparecem termos tais como *vicequaestor*, 'vicecuestor', que vão substituindo os do tipo tradicional como *proquestor*, 'procuestor', que significava 'que está no lugar do questor', 'que cumpre suas funções', 'que o substitui', em português procônsul. Vice-reitor e vice-diretor são, então, aqueles que 'estão no lugar de', 'substituem' ou 'cumprem as funções' respectivas de reitor e diretoras estando subordinados a eles.

OBSERVAÇÕES

1. De *vix* deriva *vicarius*, 'que toma o lugar de', 'que substitui', 'que supre alguém'. Desse termo deriva o substantivo 'vicário'.

2. A locução latina *vice versa* de amplo uso em português é formada sobre o mesmo termo *vix* e é de origem antiga, significando já na época clássica 'estando em lugar invertido'.

3. A forma latina *vice* está aparentada com o termo *vicis*, 'vez', 'turno', 'alternativa'.

§ 44. Secretário

O termo 'secretário' provém do latim *secretarius*, um derivado de *secretus*, que, por sua vez, provém de *secerno*, composto a partir do verbo *cerno*, 'separar', conservado em português em '(dis)cernir'. 'Secreto' é, então, 'separado', 'posto de lado' e, por extensão, 'oculto', 'isolado' e, a partir daí, 'coisa misteriosa'. De *secretus* é gerado o substantivo *secretarium*, termo usado especialmente na linguagem eclesiástica com o sentido de 'sacristia', 'santuário'. A evolução da palavra, bem como sua ligação direta com 'secreto', derivou no sentido de 'pessoa a quem se diz um segredo para que o guarde' e daí passou a denominar o colaborador direto de alguém, especialmente em tarefas administrativas.

§ 45. Inspetor

O inspetor tem a seu cargo a supervisão e o controle do desenvolvimento de vários estabelecimentos escolares no que tange aos aspectos pedagógicos e administrativos. Seu nome provém justamente do tipo de função que desempenha, uma vez que o *inspetor* é em latim o 'observador'. *Inspetor* deriva do verbo *inspecto*, um freqüentativo de *inspicio* que significa precisamente 'examinar', 'olhar', 'considerar', 'observar'.

§ 46. Pedagogo, psicopedagogo

O 'pedagogo', do grego *paidagogós*, é, textualmente, 'o que conduz a criança', formado sobre *país*, 'criança' (§ 25), e *agogós*, 'guia', donde também *paidagogía*, 'pedagogia'. A raiz de *país* evoca imediatamente outros termos pertencentes ao âmbito da educação: *paideúein*, 'educar'; *paideía*, 'educação'. Derivados dessa noção são os termos 'psicopedagogia' e 'psicopedagogo', que combinam a idéia de 'pedagogia' com a idéia de estudo psicológico – composto de *psykhé*, 'alma' e *logia*, derivado de *lógos*, estudo –, de modo que a psicopedagogia estaria orientada ao 'guia na aprendizagem' a partir do estudo psicológico do sujeito. A cunhagem do termo e de seus derivados é obviamente moderna.

OBSERVAÇÕES

1. O pedagogo era habitualmente o escravo encarregado de acompanhar a criança até os lugares em que se ministrava o ensino, os quais, em época clássica, não estavam unificados em um edifício, o que requeria ir a busca dos lugares de trabalho dos mestres particulares: o *didáskalos*, 'mestre de leitura e escrita', o de ginástica e o de música. Isso obrigava o constante acompanhamento de um adulto que protegesse a criança ou o adolescente dos perigos da rua. Sua proximidade com a criança converteu-o em um guia moral, já que se encarregava de ensinar bons modos e se ocupava, em geral, de vigiar o bom curso de sua educação. Os mestres tinham, em realidade, pouca responsabilidade no desenvolvimento espiritual e moral de seus alunos e eram mais transmissores de um saber objetivo do que formadores integrais da personalidade dos jovens. Essa função era mais bem desempenhada pelo pedagogo.

2. Em português a voz 'pedagogo', sempre um cultismo, teve como dobrete a forma italiana 'pedante', com matiz burlesco. Como os acompanhantes de crianças caminham constantemente, se aplicou 'pedante', originariamente significando 'soldado a pé', como sinônimo de 'pedagogo', que se usou para referência ao mestre-escola. Derivados mais tardios deste uso são 'pedanteria' 'pedantice' e 'pedantismo', testemunhados a partir dos sécs. XVIII-XIX.

§ 47. Preceptor

'Preceptor' vem da forma latina *preceptor* e significa 'o que dá instruções'. É um substantivo derivado do verbo *praecipere*, que é, por sua vez, um composto de *prae*, 'antes' e *capere*, 'tomar'. Nossa palavra 'preceito', do latim *preceptus*, evoca este sentido originário: 'medida tomada de antemão'. O campo semântico de *praecipere* refere-se também a 'aconselhar' e, inclusive, 'ensinar'.

OBSERVAÇÃO

1. Da mesma raiz de *capere* são os derivados em português 'capaz', *capax*; 'capacidade', *capacitas*; 'captura', *captura*; 'cativo', *captivus*; 'aceitar', *acceptare* (freqüentativo de *accipere*); 'antecipar', *anticipare*; 'conceber', *concipere*; 'decepção', *deceptio*; 'emancipar', *emancipare*; 'exceção', *exceptio*; 'incipiente', *incipiens* (de *incipere)*; 'município', *municipium*; 'perceber', *percipere*; 'usucapião', *usucapio*; 'caixa', *capsa*; 'cápsula', *capsula* (diminutivo de *capsa*).

§ 48. Ministro

Entre as figuras que conformam o organograma do sistema educativo figura o ministro. O termo latino *minister*, do qual deriva nosso 'ministro', significa 'servidor' e deve ser pensado em relação ao seu verbo associado *ministrare*, que com essa acepção permaneceu em português, por exemplo, em 'administrar', 'subministrar'. Em *minister*, formado segundo o modelo de *magister* (§ 30), com o qual está em oposição privativa, encontramos um primeiro elemento, que surge provavelmente da contaminação de duas raízes, **mei* e **men*, indicando esta última a noção de pequenez, como a que encontramos em *minor, minus*, 'menor'.

Observações

1. Chama atenção aos ouvidos atuais que, ao partir do ponto de vista etimológico, 'ministro', termo cuja raiz tem o sentido de 'menor', 'menos importante', tenha como subordinado o 'mestre', cujo nome indica 'maior', 'mais importante. Temos de entender que tal diferenciação não é feita em vista do desenvolvimento desses termos no seio do sistema educativo. Assim, 'mestre' está definido, como vimos, em um campo muito vasto que abarca instituições muito diversas da escolar e, dentro dela, é claro que seu maior status está delineado a partir da situação subordinada dos alunos. O uso de 'ministro', ao contrário, está circunscrito a algumas instituições, especificamente à administração política e à Igreja. Assim, se é ministro em relação a um *princeps*, um imperador ou um presidente ou se é um ministro de Deus ou da Igreja em face dos demais fiéis. É um acidente que ambos os termos se conjuguem no sistema educativo.

2. Em português, o termo 'ministro' foi em princípio um cultismo; assim é que, em épocas antigas, é mais usual o uso de 'mestre'. A forma sincopada se explica por uma primitiva confusão entre *mysterium* e *ministerium*, talvez gerada pelo fato de que o 'mistério' era celebrado por um 'ministro' eclesiástico.

§ 49. Colega

'Colega' vem de *collega*, um termo que deu lugar a polêmicas que afetam também a *collegium* (cf. § 53) – cf. obs. 1. Segundo uma primeira linha interpretativa (Bréal; Bailly, 1980), *collega* seria um derivado de *collegium*, remetendo este último ao composto *cum*, 'com' e *lex*, 'lei'. *Collega* seria então 'o que forma parte', 'o que integra um *collegium*', 'o que comparte uma lei ou ordenamento comuns', assim que, são 'colegas' os que compartem um ofício, ou uma atividade qualquer. De acordo com a segunda hipótese (Ernout; Meillet, 1919, p. 630 e Lewis; Short, 1951), *collega* poderia ser prévio a *collegium* e ser o mais originário, derivando diretamente de *cum*, 'com' e *lego*, em seu sentido originário de 'recolher', 'selecionar', 'eleger', 'escolher'. O *collega* seria então 'o que é eleito ao mesmo tempo em que outro', 'o que recebeu junto com um ou muitos outros um poder'. Ambas as interpretações não são de todo incompatíveis e fazem referência a uma tarefa conjunta e compartida, seja sob o auspício de uma lei comum – segundo a primeira linha exegética –, seja de um mandato ou encomenda conjunta – de acordo com a segunda (cf. obs. 1).

Observações

1. A dupla etimologia está longe de levar a uma via morta. Ainda que não se tenha estabelecido uma relação clara entre *lex* e *lego*, as duas possíveis raízes básicas dos termos que nos ocupam, não é improvável que estejam relacionadas. De fato o termo *lex* radica sua especificidade frente a *ius*, 'direito', 'fórmula ditada', e *mos*, 'costume', e *consuetudo*, também 'costume'; a *lex* é fruto de uma convenção, de um contrato expresso entre pessoas ou grupos. Agora, se a lei tem um caráter convencional, quer dizer, eleita, de nenhum modo estamos fora do campo semântico de *lego*. *Lex* seria, assim, o resultado do *legere*, do 'eleger'. Se *collega* deriva diretamente de *leg* ou se tem como antecedente *collegium*, derivado de *lex*, isso se torna uma disputa menor, posto que se pode estabelecer, com certa segurança, que os quatro termos são aparentados. Nos usos testemunhados, *collega* adota, algumas vezes, a acepção de 'eleito ao mesmo tempo em que, ou na forma conjunta com' e outras, a maioria, a de 'colega, companheiro, em um ofício ou atividade qualquer'.

2. O equivalente semântico grego de *collega* é *hetaîros*. Seus usos mais habituais são o de 'camarada', 'companheiro' e também 'camarada de armas'. Num sentido amplo é um 'associado', um 'companheiro próximo' e, daí, um 'partidário político' e também um 'aluno', um 'discípulo'. *Hetaîros* é aparentado etimologicamente com *étes*, 'amigo chegado', 'parente', 'vizinho'. O feminino de *hetaîros* é *hetaíra*.

Em seu sentido mais amplo é 'companheira', mas o termo é mais conhecido por alguns usos particulares ligados à atividade das cortesãs. Uma *hetaíra* é, de fato, uma cortesã, e tal denominação costuma compreender a oposição a *pórne*, 'prostituta comum' – donde nossa 'pornografia' –, e, também, a *gameté*, 'esposa' – de *gámos*, 'matrimônio'. As *hetaírai* tinham formação intelectual e assistiam às reuniões masculinas a que as mulheres "respeitáveis" tinham o acesso vedado. Sua posição social, que, em alguns casos chegou a ser preponderante, pode ser inferida de casos como o da hetaira Aspásia, a companheira de Péricles, a quem muitos de seus contemporâneos imputavam ser a autora ideológica de muitas de suas medidas políticas. Da poetisa Safo diz-se da mesma forma que, provavelmente, dirigia uma "escola de hetairas". Essa escola oferecia às jovens a formação necessária para adaptar-se aos círculos acomodados que requereriam seus serviços. Derivados de *hetaîros* são *hetairótes*, 'contubérnio', e *hetaireía*, 'associação', 'irmandade'. *Hetaireía* guarda com respeito a *hetaîros* a mesma relação que *collega* com respeito a *collegium*. Na Macedônia, os *hetaîroi*, 'companheiros', constituíam a cavalaria. Por sua vez, *hetaireîos*, 'que concerne aos camaradas', é um epíteto usual de Zeus.

§ 50. Cátedra, catedrático

O termo 'cátedra' deriva originariamente do grego *kathédra*, que logo passou ao latim *cathedra* e daí ao português. Seu significado primário é 'assento', especialmente um assento elevado que implica lugar de privilégio ou hierarquia. A partir desse sentido amplo desenvolveu-se um mais específico no âmbito educativo que é o de 'sala de aula', dado que ali, tradicionalmente, não faltava um assento elevado de onde o docente ministrava a aula e, posteriormente, o de 'disciplina', 'matéria', associando a noção de 'cátedra' à do grupo de profissionais encarregados de seu ensino. Catedrático seria, então, o responsável por uma cátedra.

OBSERVAÇÕES

1. A associação de 'cátedra' a uma ordem hierárquica fez com que se utilizasse profusamente o termo no âmbito religioso para referir-se a determinado cargo eclesiástico. Assim, por exemplo, a 'cátedra de São Pedro' equivale à menção do papado que também é chamado, segundo a mesma metáfora, 'trono de São Pedro'.
2. A expressão 'dar cátedra' é utilizada coloquialmente como referência a uma situação em que alguém apresenta seu ponto de vista com clareza,

precisão e persuasão. Em alguns contextos pode tomar um viés irônico e implicar um tipo de atitude de convencimento dogmático.

3. Vale a pena notar que junto ao termo 'cátedra', que conservou o sentido que mencionamos, a derivação natural da língua formou o termo 'cadeira' a partir de *cathedra*. Dado que, do primitivo sentido de 'assento', passou por metonímia a designar aquilo que se apóia na cadeira. Esse deslizamento semântico está presente já no grego.

4. O traço que indica a alta qualificação intelectual, presente em 'catedrático', acha-se também no termo 'erudito', de conformação curiosa, já que nada dessa indicação estava presente na origem do vocábulo, cuja raiz é a mesma de *rudis*, 'rude', 'vulgar'. À raiz citada apõe-se o prefixo *ex-* que marca origem e, portanto, também afastamento dessa origem, de modo que um erudito é, etimologicamente, alguém que 'já não é rude', 'já não é ignorante', no que se assemelha à expressão coloquial referida a 'ensinar' como 'desemburrar' ou 'desasnar', isto é, tirar do estado de ignorância que faz de alguém um 'burro' ou 'asno' e que nos usos reflexivos equivale a 'aprender', como em 'me desemburrei'.

§ 51. Ajudante

Nas cátedras universitárias os professores costumam dirigir outros docentes que recebem a denominação de 'ajudantes', em virtude de colaborarem no ato de ministrar aulas e nas demais instâncias da tarefa docente. Quanto à conformação do termo, 'ajudante' é um particípio ativo de 'ajudar', derivado do latino *adiutare*, freqüentativo de *adiuvare*, com o mesmo sentido.

Observação

1. O composto *adiuvare* forma-se a partir do verbo *iuvare* que combina os sentidos de 'dar prazer' e de 'ajudar'. Esse segundo sentido rapidamente foi associado ao composto *adiuvare*, enquanto que *iuvare* e seus derivados desenvolveram o primeiro sentido. Assim, por exemplo, *iucunditas* é 'felicidade' e *iucundus*, 'agradável'.

§ 52. Auxiliar

Denominação algumas vezes alternativa para os ajudantes docentes (§51) é a de 'auxiliar', que remete, da mesma maneira, à ajuda e auxílio, do latim *auxilium*, prestados ao professor encarregado da cátedra.

O verbo do qual deriva *auxilium* tem o sentido de 'incrementar', de modo que *auxilium* é 'incremento de força', 'reforço'.

OBSERVAÇÃO

1. A noção de *auxilium* é aparentada com o verbo *augeo* de notável fecundidade quanto aos derivados em português, entre os quais se contam, por exemplo, 'autor' de *auctor*, que é o que faz crescer ou acrescentar uma coisa, 'autoridade', de *auctoritas*, forma abstrata de *auctor*, e 'augure', de *augur*.

§ 53. Assistente

Os cursos podem ter 'assistentes', termo que se refere tanto aos que participam como alunos como ao pessoal que atua como ajudante ou auxiliar do professor encarregado da cátedra. O termo, particípio ativo de 'assistir', deriva do latim *assitens*, por sua vez particípio ativo de *assistere*, que tem o sentido literal de 'estar parado ao lado' e, por extensão, o de 'acompanhar', 'ajudar', 'servir'.

OBSERVAÇÕES

1. O verbo que dá lugar em português a 'estar' é o latino *sto* e tem o sentido básico de 'estar parado'. Daí derivam as formas nominais *stabilis*, 'estável', *stabulum*, 'estábulo', 'albergue onde é possível deter-se', *prostibulum*, 'prostíbulo'. *Sto* tem uma forma derivada, o verbo *sisto*, indicativo de que um processo chega a seu termo, de modo que toma o sentido de 'deter-se'. De *sisto* derivam formas em português como 'existir', de *exsister*, e cujo sentido deriva do fato de 'estar fora de algo', 'surgir' e, portanto, 'existir', 'aparecer'. Também 'subsistir', 'consistir', 'resistir', 'desistir', 'insistir', 'persistir', que marcam diversas formas de posicionar-se diante do fato fixo e taxativo indicado por *sistere*.
2. *Sto* conta também com uma forma com sufixo nasal *stano* que dá lugar a *destinare* 'fixar', 'deter', e *obstinare*, 'obstinar-se'.
3. De *sto* deriva também o termo *status* com o sentido de 'forma de se pôr', 'atitude' que se aplica para dar conta do 'estado' de uma coisa.

ONDE SE ESTUDA?

§ 54. Escola

Em geral, dizemos que os primeiros estudos têm lugar em uma escola. O termo deriva do latim *schola* que, por sua vez, é um empréstimo do grego *skholé*. Na atualidade, entendemos fundamentalmente por 'escola' tanto a própria instituição na qual se desenvolve o saber (dentro dos limites da 'sala de aula', cf. § 55), como um corpo doutrinário em si e seus seguidores. Assim, falamos, por exemplo, da Escola de Viena ou da Escola de Frankfurt, referindo-nos a uma corrente de pensamento definida e a um grupo de intelectuais com ela identificados. Essas duas acepções, já presentes no termo latino, se desprendem de uma mais antiga, a de 'repousar', 'descansar', 'estar livre' – de trabalhos – para entregar-se, fundamentalmente, à especulação.

A raiz originária dessa palavra, *skh, guarda a idéia de 'agarrar', 'ter', como se reflete no grego *skhéma*, que deu precisamente nosso 'esquema', com o sentido de 'figura', 'forma que retém algo'. Pois bem, esse 'estar livre de', o é em relação ao trabalho manual, já que opera com o suposto de que uma atividade que não fosse a especulativa constituía uma atadura, uma carga. Observe-se como as palavras que designam trabalho guardam em latim acepções pejorativas, *labor*, 'deslize'; *tripalium*, que dá lugar ao nosso 'trabalho', significa 'tormento'. No contexto grego, do mesmo modo, *pónos* é 'esforço', 'trabalho' e ao mesmo tempo 'padecimento', 'infelicidade'. Daí que essas ocupações eram descarregadas dentro do possível em escravos e auxiliares, e estar a cargo delas era um *negotium*, literalmente um 'não-ócio' (*ne-otium*). Daí resulta que *otium* também responde ao sentido de *skholé*, já que o 'estar livre' é um 'estar ocioso', condição de possibilidade para os estudos liberais que fazem, precisamente, livre ao homem.

OBSERVAÇÕES

1. Entre os gregos a importância da *skholé* reflete-se na filosofia aristotélica, na qual se considera o que constitui o estado reflexivo, que se opõe ao mero espairecimento do jogo (*paidiá*). Isso porque a *skholé* não tem jamais características de simples entretenimento, pois ainda que suponha a liberação das ocupações mundanas, implica, por sua vez, esforço e dedicação (cf. § 91.2). É, dentro do sistema conceitual aristotélico, a condição material básica para a ampliação das mais altas capacidades humanas ligadas ao desenvolvimento do intelecto e implica a definição de um tipo de vida especial, a escolhida pelo sábio: a vida teorética ou contemplativa, *bíos theoretikós*.

2. A forma 'escola' foi utilizada também com o sentido de 'séquito de um senhor'. Assim, o vocábulo *schola*, da mesma origem, está testemunhado com o sentido de 'companhia', 'divisão' ou 'corpo do exército'.

3. O nome habitual para a escola grega, junto com *didaskálion*, que a define por ser o lugar onde se ensina, ou o lugar onde está o mestre, *didáskalos* (§ 79), era *palaístra*, 'palestra', (§ 101), termo que deriva de *pále*, 'luta'. A associação entre escola e luta, que pode surpreender à primeira vista, faz-se compreender ao se prestar atenção à organização dos estudos na época clássica grega, em que, aos estudos de leitura-escrita, aritmética e música, habitualmente pela manhã, seguia-se pela tarde a aula dedicada à ginástica: os ginásios ou palestras. 'Ginásio' e 'palestra' não parecem ter sido exatamente sinônimos, se bem que seja difícil estabelecer a diferença quanto aos usos, especialmente na época helenística, que variaram rapidamente e segundo os lugares. Há testemunhos contraditórios que tendem a opor 'palestra' como 'escola para crianças' em relação a 'ginásio' como 'lugar de exercícios para efebos e adultos'. Outros parecem opor 'palestra' como 'escola privada' diante de 'ginásio' como 'instituição municipal', ainda que, às vezes, os termos apareçam invertidos. Também há registros de ginásio como 'conjunto que integra a palestra' – campo de atletismo – junto com outras instalações: pista de corrida, etc.

§ 55. Sala de aula

O termo 'sala' (testemunhado em 969 como *salla* e no séc. XV como *sala*), referido aos espaços nos quais acontecem as aulas (cf. § 97), não tem origem latina, mas remonta ao germânico *sal*, no qual tinha o sentido de 'habitação', referindo-se a um âmbito amplo, de onde se estendeu a denominação genérica para espaços de uso múltiplo, incluindo o educativo.

§56. Colégio

Outro vocábulo que habitualmente se refere ao lugar onde se estuda é 'colégio'. Tem em latim uma origem religiosa. Designa todo corpo que comparte uma disciplina ou uma norma. De fato está formado por *cum-*, que indica associação, e por *lex-*, que deu nossa palavra 'lei'. *Collegium*, então, responderia muito bem ao que hoje entendemos por 'grêmio'.

Observações

1. Para uma análise mais detalhada do problema etimológico, cf. §49.
2. Os equivalentes semânticos gregos de *collegium* são *hetaría* (cf. §49.2) e *synarkhía*, ambas com o sentido de 'corporação', 'fraternidade'. A última provém da preposição *syn*, 'com', com o verbo *árkhein*, 'começar', mas também 'governar', 'reger', daí que *synárkhein* seja 'dirigir conjuntamente', 'ser colega em um cargo'.

§ 57. Academia

O termo 'academia' não é objeto, a rigor, de um estudo etimológico, mas histórico. Foi o nome que levou a primeira instituição de formação superior do Ocidente, criada por Platão em torno do 387 a.C., em um prédio dedicado ao culto ao herói Academo, do qual se originou a denominação Academia. A influência desse empreendimento – que se manteve até o ano 529 d.C., quando foi fechada juntamente com as demais escolas filosóficas pagãs pelo imperador bizantino Justiniano – fez com que em todo o Ocidente tal nome se constituísse em sinônimo de instituição dedicada ao estudo e à reflexão teórica.

OBSERVAÇÃO

1. Antes dessa época, a formação superior não estava ligada a lugares especiais, mas era ministrada por professores, muitas vezes itinerantes, denominados sofistas, 'homens cultos', 'sábios'. A inovação platônica, à margem de sua proposta filosófica, radicou em destinar um espaço no qual docentes e alunos conviviam dedicando-se inteiramente à reflexão teórica.

§ 58. Liceu

Do mesmo modo que 'academia', 'liceu' tem a ver com um empreendimento institucional específico, mais precisamente o do discípulo mais importante de Platão, o estagirita Aristóteles. O Liceu compreendia um prédio semelhante ao escolhido por Platão, a leste de Atenas, próximo ao rio Iliso, dedicado a Apolo sob um de seus epítetos, Liceu.

OBSERVAÇÕES

1. A organização do Liceu influiu notavelmente na conformação de instituições posteriores, especialmente através da Biblioteca e do Museu de Alexandria, dados os contatos de Aristóteles e seu entorno com a coroa macedônica. Nesse sentido, não só Aristóteles foi preceptor de Alexandre Magno, mas também seus amigos mais próximos – incluindo Ptolomeu Soter, que veio a ser o iniciador da dinastia ptolemaica no Egito – travaram contato com grupos aristotélicos entre os quais se contava Demétrio de Falero, um colaborador próximo de Teofrasto, o continuador de Aristóteles à frente do Liceu. Demétrio residiu durante muitos anos em Alexandria, integrando a corte, e assessorou Ptolomeu I no que concerne à fundação e organização da Biblioteca.

2. Liceu nomeou primeiramente a escola filosófica de Aristóteles e na tradição moderna foi utilizado para referir-se a um âmbito de estudo sistemático associado, em alguns países, ao nível do sistema educacional posterior ao primário.

§ 59. Universidade

O termo 'universidade' tem na sua composição os termos *unus*, 'uno', e *versus*, 'diverso', de modo que se trata de uma diversidade unificada, emoldurada por um limite comum, tal como está implicado no termo 'universo', que assinala a totalidade de todas as coisas vistas a partir da perspectiva de seu pertencimento a uma única ordem. O termo 'universidade' foi utilizado na Idade Média para referir-se ao conjunto de professores e estudantes que ensinavam e estudavam em uma cidade determinada. Por isso os nomes das primeiras universidades: Universidade de Paris, Universidade de Oxford, Universidade de Bologna.

OBSERVAÇÃO

1. As universidades surgiram a partir dos centros de estudos chamados *studium generale*, onde se reuniam estudantes de distintas regiões. Até meados do séc. XII em Paris e Oxford já funcionavam de fato universidades, ainda que somente em princípios do séc. XIII tenham recebido a confirmação legal por meio das chamadas Cartas, que as constituíam como corporações com estatutos próprios.

§ 60. Faculdade

'Faculdade' designa o corpo de professores de uma ou várias ciências associadas em uma universidade. O termo deriva de *facultas*, forma aparentada ao verbo *facio*, 'fazer', de onde surge o adjetivo *facilis*, que deu lugar em português a 'fácil', 'que se pode fazer' (cf. § 7). De *facilis* surgem duas formas substantivas: *facilitas*, 'facilidade', e *facultas*, 'faculdade', aplicadas a âmbitos diferentes. Enquanto que a primeira permaneceu ligada à idéia de facilidade, *facultas* passou a denominar a aptidão ou potência física ou moral para fazer algo e, por extensão, designa o âmbito em que o estudo de uma ciência ou arte se vê 'facilitado'.

§ 61. Departamento

Cada uma das partes em que se divide uma instituição pode receber o nome de 'departamento', um préstimo do francês *département*, derivado do francês *departire*, que tem, como o pouco usado em português 'departir', não só, em seu uso intransitivo, o sentido de 'narrar minuciosamente', mas também, em seu uso transitivo, o valor de 'separar', 'fracionar', que deu lugar à forma que nos ocupa.

§ 62. Instituto

Uma idéia análoga é a que está presente em 'Instituto'. Também do latim, do verbo *instare*, 'estar em', 'estar de pé', 'estar em cima'. Porém, seu particípio passado, *institutus* (de onde vem 'instituto') e, inclusive, o substantivo derivado *institutio* ('instituição') se elevam já no latim clássico do sentido material do verbo a uma significação abstrata: *institutus* passa a designar 'o que foi estabelecido', 'disposição', 'regra', num sentido amplíssimo, que abarca os âmbitos do moral, do religioso, do jurídico, do político e do educativo.

§ 63. Estabelecimento

Uma evolução semelhante à de 'instituto' (§ 62) está presente em nosso vocábulo 'estabelecimento', que nos chegou a partir do latim *stare*, que está na base de *stabilis*, adjetivo cuja acepção é a de 'seguro', 'sólido', predicável tanto de algo físico como espiritual.

OBSERVAÇÃO

1. Sobre o sentido de *stare* e seus derivados, cf. § 53.1

§ 64. Biblioteca

'Biblioteca' é um derivado do grego *bibliothéke*, um composto da forma do verbo *títhemi*, 'colocar', 'pôr'. A primeira parte do composto refere-se a *bíblos*, originariamente o nome de um tipo de papiro egípcio cujas fibras eram utilizadas para escrever. Daí deriva *biblíon*, traduzido habitualmente como 'livro', mas que, a rigor, faz referência ao papiro escrito que podia conter documentos ou partes de obras.

OBSERVAÇÕES

1. A tese tradicional, sustentada por Schwyzer (1968, v. 1, p. 141 e 153), propõe que o termo originário *býblos* corresponda ao nome da cidade fenícia de Biblos, de onde se importava o papiro. As dificuldades para relacionar a forma fenícia com a grega e o fato de que, já em Homero, há referências ao termo *býblinos* com o sentido de 'feito de papiro', levou a pensar em um termo *býblos* com o sentido de 'planta de papiro' (CHANTRAINE, 1968-1980, p. 201).
2. São antigos os compostos *bibliographía*, 'bibliografia', 'lista escrita de livros' e *bibliophýlaks*, 'bibliotecário', 'arquivista', literalmente 'guardião dos livros'.

§ 65. Laboratório

O espaço destinado a estudos de ciências experimentais deriva seu nome do latim *labor*, que significa 'tarefa', 'trabalho', 'labor'. Implicava em sua origem um tipo de trabalho ligado às tarefas agrícolas, daí que a forma verbal *laborare* tenha dado lugar em português ao verbo 'lavrar'. Na conformação de 'laboratório', literalmente 'lugar para trabalhar', ao termo básico lhe foi acrescido um sufixo que implica 'aptidão para algo', neste caso para o trabalho e, mais especificamente, para realizar tarefas experimentais.

OBSERVAÇÕES

1. Sobre a noção de trabalho na Antigüidade, cf. § 54.
2. Existe também em português, como cultismo, o verbo 'laborar', conservando o sentido amplo de 'trabalhar', ao lado do sentido restringido de 'lavrar'. O último, como dissemos, está especificado para as tarefas do campo sobre a terra, e junto a tal acepção convivem outras menos estendidas que implicam trabalho artesanal minucioso, como se vê em expressões do tipo 'lavrar uma ata' ou 'objetos lavrados'. Em português também se usa os termos 'labuta' e 'labutar', no sentido de 'trabalhar', mais especificamente, de 'trabalhar com esforço', e sua etimologia parece ser um curioso cruzamento entre *laborar* e *luta* (1450-1516) *labytar* e *labuta* (1560).
3. Da mesma raiz derivam *collaboro*, 'colaborar', *elaboro*, 'elaborar', *laboriosus*, 'laborioso'.

§ 66. Conservatório

O termo 'conservatório' é utilizado para fazer referência às instituições em que se cultiva o ensino de determinadas manifestações artísticas, como a música, a dança ou a atuação teatral. Sua denominação remete à noção de 'conservar', do latim *conservare*, 'guardar', 'observar com cuidado'. Pressupõe um espaço em que determinados saberes são transmitidos com especial observância na precisão, evitando as modificações por descuido. A forma simples *servare* já tem em latim a idéia de 'guardar', que, com o acréscimo preposicional, sublinha o sentido de respeito e salvaguarda.

OBSERVAÇÃO

1. Da mesma conformação a partir de *servare* é o verbo *observare*, 'observar', que aponta para 'velar sobre algo', como em 'observar as leis'. Assim, no campo semântico da percepção, que é o âmbito em que se manifesta primariamente esse verbo em português, 'observar', em relação a 'olhar', indica um grau maior de precisão.

§ 67. Museu

Um museu é, modernamente, uma instituição cultural dedicada à salvaguarda, exibição e promoção de objetos socialmente relevantes, habitualmente por razões históricas. Não é o seu sentido originário, uma vez que na Grécia clássica era um estabelecimento dedicado ao culto das Musas, as filhas da Memória, que oficiavam como padroeiras de distintas disciplinas artísticas e científicas. Basta pensar na mais famosa das instituições antigas com esse nome, a que funcionava junto à Biblioteca de Alexandria e que consistia, a rigor, no que hoje chamaríamos uma instituição de formação superior onde se reuniam alunos e professores.

OBSERVAÇÃO

1. Vale a pena recordar que a Academia platônica (cf. § 57), a chamada 'primeira universidade do Ocidente', tinha um *status* jurídico que a constituía como um museu, quer dizer, um estabelecimento dedicado ao culto das Musas.

§ 68. Turno

A jornada escolar costuma ser dividida em diferentes turnos por um dos quais os alunos optam: manhã, tarde e noite. Algumas escolas oferecem horário integral, outras, turno duplo. 'Turno' provém do latim *tornare*, 'alternar'. 'Turno' é, então, a ordem que se guarda entre várias pessoas ou grupos para a execução de uma coisa, ou na sucessão delas; no caso da escola, trata-se do desenvolvimento da jornada de aulas.

OBSERVAÇÃO

1. Da mesma raiz i.e. **terd*, de significado básico 'esfregar', 'girar', são os termos 'torno' –latim *tornus*, e este do grego *tornos* –; 'tornado' –

particípio passivo de 'tornar', que provém de *tornare* –; 'tornozelo' e também 'turismo', em português a partir do inglês 'tourism' – que tem o sentido literal de 'dar voltas'.

§ 69. Recreio

As horas ou módulos da jornada escolar são divididos entre si por recreios, lapsos de descanso entre dois ou mais blocos de trabalho. Seu nome provém do latim *recreare*, 'criar de novo', 'restabelecer', 'restaurar'. Tal significação abarca o âmbito das coisas humanas: assim, *recreare* é também 'restabelecer-se' e, inclusive, 'reanimar-se do abatimento anímico'. O último sentido deu lugar à idéia de 'recreação' como 'divertimento', 'distração' ou 'deleite'.

O QUE SE ESTUDA?

§ 70. Currículo

Tudo o que se estuda dentro do sistema educativo está organizado com base em um currículo ordenador da prática. *Curriculum* é, em latim, o diminutivo de *currus* e alude tanto a uma 'corrida' como àquilo com o qual se faz a corrida, quer dizer, o 'carro'. O campo semântico do termo é bem concreto, refere-se ao combate e, por extensão, aos jogos que, em última instância, o simulam. Atestando a bem antiga equiparação entre a luta e a vida, temos a expressão *curriculum vitae* no sentido de 'percurso de atuações na vida'. Nele se registram os dados relevantes da carreira profissional de um indivíduo. No âmbito educativo, 'currículo' faz referência às instâncias que devem ser percorridas, ao estilo de uma corrida, para poder dar por cumprido um trajeto educativo, quer se trate de uma matéria, um curso ou o âmbito completo de um nível educativo.

Observação

1. Esse substantivo neutro latino tem sua correta transcrição para o português na expressão 'o currículo' (como de *periculum*, 'o perigo') e, de acordo com isso, seu plural é 'os currículos'. Pois bem, se se prefere manter a palavra latina *curriculum*, seu plural deveria ser, como é em latim, *curricula* (observe-se que assim o faz o inglês, em, por exemplo, *datum*, 'dado' – singular – e *data*, 'dados' – plural). A opção em português pelos artigos masculinos, determinando uma palavra de gênero neutro, como a que nos ocupa, justifica-se pelo fato de não ser pertinente nosso 'o' para acompanhar o dito gênero. Poder-se-ia pensar inclusive em expressões como 'a currícula', 'as

currículas', plurais latinos terminados em *a*, que foram concebidos como femininos singulares no português nascente (é o caso de, por exemplo, *ligna*, de onde nosso vocábulo 'lenha', que é, na verdade, o plural de *lignum*, 'lenho').

§ 71. Área

O termo latino *area* tinha em sua origem um sentido locativo referido a um espaço desprovido de construção e usava-se também para indicar determinados espaços como o situado diante de um templo ou de um altar. Evoluiu no português 'eira', com o sentido de espaço de terra onde se cultivam cereais e legumes. Já em princípios do séc. XVI se encontra o termo 'área' incorporado como cultismo. Progressivamente, tomou sentidos abstratos com o significado amplo de 'âmbito', podendo referir-se não só a espaços físicos, mas também a "regiões" teóricas.

§ 72. Disciplina

'Disciplina' vem da forma latina *disciplina,* derivada do verbo *discere*, 'ensinar'. Os mesmos dois sentidos conservados no português estavam presentes em latim, de modo que *disciplina* se aplicava às pautas de comportamento e especialmente à 'disciplina' militar, porém este sentido convivia com o de *disciplina* como menção a uma matéria ou área objeto de estudo. Em ambos os casos é clara a relação com um conteúdo transmitido, ao qual quem aprende deve adaptar-se.

OBSERVAÇÃO

1. Por sua relação com *discere* (§ 124.2), o termo está aparentado com 'discípulo' (§ 24).

§ 73. Matéria

O latino *materia*, de onde provém a forma portuguesa, era um termo utilizado no campo e fazia referência à substancia da qual é feita a *mater* em sua acepção: tronco de uma árvore (cf. § 36.4). Dado que esse é o elemento com o qual trabalhavam os artesãos, o termo tomou o sentido de 'matéria' ou 'material', que o português conserva. A ampliação do sentido fez com que 'matéria' fosse em geral o objeto, mesmo o objeto teórico, a que se dedica a atenção, no caso, de quem estuda uma área de conhecimento.

OBSERVAÇÕES

1. A língua filosófica se valeu da noção de *materia* para opô-la a espírito, daí o sentido de 'imaterial'.
2. O termo grego, *hýle*, 'madeira', 'bosque', e depois 'matéria', seguiu um desenvolvimento similar, ainda que nunca tenha adquirido o sentido de 'matéria' como objeto de estudo.

§ 74. Texto

O termo 'texto' deriva do latim *textus*, proveniente do verbo *texere*, que significa 'entrelaçar', 'tramar' e se aplica não só a trabalhos manuais em que se levam a cabo tramas, que dão por resultado 'texturas', mas também a tarefas intelectuais que implicam uma 'trama' intelectual, de modo que se podia falar de *texere epistulas*, literalmente 'tramar cartas', ou *texere orationem* 'tramar, compor discursos'. Daí, precisamente, surge o sentido de 'texto' como 'trama', 'composição' criada ou "tecida" por um autor.

OBSERVAÇÃO

1. Da mesma conformação básica são *tela*, 'tela', 'rede', *textilis*, 'têxtil' e também *contextus* 'contexto' com o sentido de 'trama que contém', *praetextus*, 'pretexto', trama que se faz antecipadamente.

§ 75. Tratado

Um livro dedicado exaustivamente a um tema costuma receber o nome de 'tratado'. O termo deriva do latim *tractatus*, proveniente do verbo *tractare*, 'trabalhar', 'manipular', que dá lugar às formas 'tratar' e 'tratamento'. *Tractatus* é, então, o resultado do labor de 'manipulação' cuidadosa e hábil de um tema, de modo que seu autor pode dar conta dele de modo acabado e satisfatório.

OBSERVAÇÃO

1. O verbo latino *tractare*, por sua vez, é um derivado de *trahere* com o sentido básico de 'arrastar', que deu lugar em português a 'trazer'. Por essa via está aparentado também com 'traje', 'o que se traz' e 'traçar' no sentido de 'trazer' uma linha.

Nomes de disciplinas:

§ 76. Filosofia

O termo 'filosofia' é um composto do substantivo *sophia*, 'sabedoria' com o verbo *philéo*, 'querer', 'amar'. Até o séc. IV a.C. está testemunhado o uso da forma *philósophos*, 'filósofo', com um sentido geral de homem 'ilustrado', 'culto', 'preocupado com questões culturais', sem referência a uma disciplina específica. A noção de 'filosofia' como denominação de um método e um conjunto de questões que se constituem em eixo de reflexão se encontra em Platão, a partir de quem se pode dizer que a Filosofia ganha autoconsciência como disciplina e gesta seu próprio gênero discursivo. Quanto a seu objeto, o que a diferencia de outras áreas de estudo, é uma questão sujeita a redefinições no que tange a seus enfoques. Pode-se dizer que o comum a boa parte das correntes teóricas é considerar a Filosofia como reflexão problematizadora sobre os pontos de partida que tanto o senso comum como outras disciplinas dão por supostos.

§ 77. Ciência

O termo por antonomásia para o conhecimento certo e fundamentado na modernidade é 'ciência'. Lingüisticamente deriva de *scientia*, 'saber', 'ciência'. Em sua origem não tem as características de saber taxativo, quantitativo e calculável que surgiram como resultado da redefinição da razão na modernidade. Por sua relação com *scire*, 'saber', inclina-se ao saber de tipo qualitativo, de modo que seu significado está ligado à 'sabedoria'.

OBSERVAÇÃO

1. De *scientia* deriva *conscientia*, que dá lugar em português a 'consciência' e indica, primariamente, 'conhecimento comum' e, inclusive, 'cumplicidade', de onde surge o sentido de 'responsabilidade' associado com o 'ter conhecimento cabal e ativo de uma coisa'.

§ 78. Cultura

O termo 'cultura' deriva do latim *cultura*, um derivado de *colere* que se desdobra em várias dimensões relevantes, todas nos planos mais constitutivos do humano: o natural, o religioso e o sócio-espiritual.

Assim, *colere* tem o sentido básico de 'habitar', 'cultivar', termos intimamente relacionados nas populações de tipo rural, como a latina de épocas mais antigas. Junto à relação com a terra, *colere* encarnava uma referência religiosa aos deuses protetores do lugar em que se habita, de onde surge a noção de *cultus*, 'culto', para fazer referência às honras prestadas às divindades. Ao mesmo tempo, *colere* implicava uma dimensão moral e social, enquanto que o 'cultivo' se aplicava também ao intelecto e à sensibilidade, de modo tal que um homem *cultus*, 'culto', 'cultivado', é aquele homem elegante e moralmente desenvolvido.

OBSERVAÇÃO

1. O sentido de 'cultivar', que há em *colere,* se evidencia no termo *agrícola*, 'agrícola', 'que cultiva o campo', *ager.*

§ 79. Didática

A Didática é, por vezes, uma disciplina dos currículos de educação terciária e superior orientada à docência, ao mesmo tempo em que é um conhecimento que se atualiza nos docentes de qualquer disciplina na hora de ensinar. De fato, a origem de 'didática' remonta ao verbo grego *didásko*, que significa 'ensinar'. Em sua origem, é um adjetivo, *didaktiké*, com o sentido de 'relativo ao ensino', que se converteu depois no nome da disciplina que hoje conhecemos (cf. § 80.2). Também o verbo *didáskein* refere-se ao âmbito do ensino, e foi tradicionalmente explicado como produto de uma raiz com o sentido geral de 'receber' – testemunhada na forma homérica *dékto*, 'o que recebia' – e, em sua forma passiva, 'ser recebido', 'adotado'. O verbo *didáskein* é aparentado a formas gregas como *dékhomai* 'receber', *dóksa*, 'opinião', no sentido de 'o adotado', 'o aceito', e latinas como *decet*, 'convém' e *doceo* 'fazer aprender' – de onde nosso 'docente' (cf. § 35) – *decor*, 'decoroso', *dignus*, 'digno' (ver *didásko* em BOISACQ, 1950). O certo é que essa sugestiva hipótese foi mais tarde discutida, e a conexão com a raiz que dá lugar ao grego *dékhomai* e aos latinos *doceo* e *disco* parece não ser tão evidente na atualidade. Apesar das objeções, a visão tradicional não foi de todo descartada, e há quem ainda sustente que é difícil separar tal grupo de vocábulos, com o que 'educar' seria 'fazer com que outro aceite' (ERNOUT; MEILLET, 1919, p. 176).

Não obstante, resulta interessante deixar assentada a proposta alternativa. De acordo com uma segunda hipótese *didásko* proviria do tema *dns*, testemunhado também no grego *dénea* e em temas do sânscrito como *dámsas* e *dasrá*, com o significado de 'que faz milagres'. O sentido básico dessa raiz seria, então, o de 'poder milagroso', 'façanha' (CHANTRAINE, 1968-1980, p. 278). A raiz indo-européia sofreu em grego uma dupla evolução. Por um lado, a que desemboca no verbo *dão, que comparte com *didásko* o sentido de 'ensinar', mas tende a especializar-se no sentido de 'ser experto', 'estar instruído', 'conhecer', 'saber', etc. Assim, gera derivados como *daémon*, 'que sabe', 'capaz', 'experiente', *daemosýne*, 'saber', 'capacidade', e seus negativos *adaémon, adaemoníe, adaés*, ligados à ignorância, ao desconhecimento e à incapacidade. Do mesmo modo, *autodaés*, 'autodidata', 'que aprendeu por si mesmo'.

Além dessa primeira evolução, se desdobram as formas configuradas sobre um presente causativo e iterativo que agrega o sufixo *-sk-* à raiz e tem por resultado *didásko*, 'ensinar', no qual é preciso levar em conta seu sentido causativo: 'fazer saber', 'fazer com que alguém aprenda'. Em tal sentido, provavelmente em grego o termo nunca teve o valor sobrenatural testemunhado em sânscrito, mas possivelmente se tenha voltado à idéia de habilidade (cf. obs. 2). O *didáskalos* não estaria ligado a poderes numinosos (fato que contrastaria com seu lugar na escala social, já que poucas vezes o seu salário superava o de um carpinteiro, e ele era considerado um personagem pouco relevante), mas se lhe reconhecia a possessão de um saber e a habilidade para fazer algo, que constituíam valores altamente considerados na sociedade grega antiga. Vale a pena notar que, entre as características que permitem identificar um homem sábio, Aristóteles na *Metafísica I* (982a12ss.) considera como sendo das mais importantes a de ser capaz de ensinar seu saber. Nesse sentido, a transmissão estaria intrinsecamente ligada ao saber mesmo, uma vez que só quem conhece intimamente um tema está em condições de transmiti-lo a outrem, e qualquer ensino que pretenda apoiar-se em elementos secundários estaria condenado ao fracasso.

OBSERVAÇÕES

1. Ainda que de uma raiz diferente, a mesma associação do extraordinário à habilidade está testemunhada no sugestivo campo semântico do adjetivo *deinós*. Com efeito, ele se refere, por um lado, ao 'terrível', 'temível' e 'nefasto', mas, ao mesmo tempo, ao 'maravilhoso' e 'digno

de reverência'. O que chama atenção é que o mesmo termo significa, ademais, 'hábil', 'capaz'. Se considerarmos que a tripartição do campo semântico é artificial e a língua de origem leva a cabo uma única referência que reúne os três sentidos que diferenciamos, vemos refletido o íntimo laço entre o maravilhoso – de qualquer signo – e o saber.

2. Que o grego nunca tenha conservado em forma direta o que perdeu em épocas distantes, o significado de 'fazer milagres' para essa raiz, se reflete nos sentidos testemunhados do termo *dénea* (plural do neutro *déneos*), que aponta para a idéia de 'plano', 'desígnio', seja positivo ou negativo, com o que o poder milagroso se desvanece, dando lugar à habilidade para planejar algo.

3. Da mesma raiz de *didásko* são os derivados *didáskalos*, 'mestre'; *didaskalía*, 'ensino'; *didaskálion*, 'coisa ensinada'; *dídaktra*, 'salário do mestre'; *didaskalikós*, 'que concerne ao ensino'; *dídaxis, dídagma*, 'instrução' e 'lição', o tardio *didagmosýne* e *didaktós* 'apto para ser ensinado', de onde provém *didaktikós*, 'didático'.

§ 80. Matemática

A Matemática costuma ser definida como a 'ciência que trata da quantidade'. A origem grega da palavra, no entanto, tem um sentido muito mais amplo e remete a uma raiz genérica com o significado de 'atividade mental'. Daí, chegamos à 'matemática' por meio da formação *máthema*, 'coisa aprendida', 'conhecimento'. Para ilustrar a riqueza desse elemento base que faz referência à atividade mental, note-se a derivação em *mania*, 'loucura', 'furor', e inclusive em *mnéme*, 'memória', 'recordação', de onde os privativos *amnesia*, 'perdão', 'esquecimento'. (cf. § 88 sobre 'música', da mesma raiz)

Como os nomes de muitas disciplinas, 'matemática' não é um substantivo, mas um adjetivo. Originariamente o grego não falava de 'matemática', mas de 'ciência, técnica ou arte matemática' (*he mathematikè tékhne*), assim como a 'ciência física' (*he physikè tékhne*) ou a 'ciência ou arte gramática' (*he grammatikè tékhne*). O uso, sem embargo, tendia a elidir o vocábulo *tékhne*, com o que resultava um adjetivo substantivado do tipo 'a matemática' ou 'a gramática'. Finalmente, tal uso se impôs, e os adjetivos primitivos se tornaram substantivos que indicam os nomes das respectivas disciplinas.

OBSERVAÇÃO

1. A amplidão semântica desse conceito também seria a fonte, segundo alguns, das idéias relacionadas com a medição, com a medida em geral, como o grego *métron*, precisamente 'medição', 'medida', ou bem os termos latinos *mensa*, 'mesa', e *mensis*, 'mês', e até *modestus*, 'comedido', 'modesto'.

§ 81. Língua e literatura

O estudo dos diferentes aspectos ligados à linguagem costuma ser denominado 'língua e literatura'. O termo 'língua' provém do latim *língua*, 'idioma'. 'Literatura', por sua vez, remete ao latim *littera*, 'letra'.

Lingua designa, como seu derivado em português, tanto o órgão envolvido na produção da palavra, como a linguagem resultante. Como sucede também com o grego *glôtta*, *lingua* se usa ainda para fazer referência a qualquer coisa com forma de língua ou que está em contato com a língua. Por exemplo, em português, 'língua de fogo', labareda, 'língua negra', escoamento de águas poluídas. Também recebe o nome de *língua* a vareta da cuíca. A raiz desse termo está aparentada com o verbo *lingo*, 'lamber', atividade que, precisamente, se realiza com a língua.

Littera, por sua vez, é o correspondente latino do grego *grámma* (§ 84) e, embora sem ter uma origem etimológica comum, por contato, foi tomando todos os sentidos. Assim, *littera* significa estritamente 'letra' e, por extensão, 'escrito composto por letras': especialmente 'carta' (cf. obs. 3) e depois qualquer obra escrita (*litterae*). De maneira ainda mais geral, se converte em termo para referir-se à cultura e à educação, como na expressão 'homem de letras'. A maioria dos derivados de *littera* está formada a partir dos derivados de *grámma* (§ 83), para reproduzir em latim os múltiplos usos do grego. Desse modo se cunhou o vocábulo *litterator*, a partir de *grammatikós*, 'mestre-escola', e *litteratura*, a partir de *grammatiké*, 'gramática', que incluía a análise literária, que constituía o objeto último da disciplina. Assim consistia em uma 'ciência das letras, da leitura e da escritura'.

OBSERVAÇÕES

1. A etimologia de *littera* é difícil de ser precisada e, ainda que não haja elementos que permitam estabelecer resultados concludentes, não se descartou a origem grega e que tenha penetrado no latim por

mediação etrusca. Tratar-se-ia de um originário *diphthéra*, 'tablete', 'tabuinha', que os latinos teriam adotado e desenvolvido. Uma etimologia como essa reforça o fenômeno de empréstimo de numerosas características culturais que Roma tomou da Grécia, não somente em épocas tardias, mas também no alvorecer da latinidade.

2. O composto latino *elinguis* significa tanto 'mudo', 'que não tem língua', como 'pouco eloqüente', 'pouco hábil para falar'.
3. O inglês conservou a associação primária entre 'letra' e 'carta' no termo *letter*, também de *littera*.
4. Sobre a extensão pouco conhecida para o falante contemporâneo da noção de gramática, pode-se citar a definição que oferece Dionísio Trácio (séc. II a.C), autor do primeiro manual de gramática da tradição ocidental: "Gramática é o conhecimento empírico das coisas ditas em geral por poetas e prosadores. Suas partes são seis: primeiro, a leitura hábil de acordo com os signos diacríticos; segundo, a exegese de acordo com as figuras poéticas presentes no texto; terceiro, a restituição adequada das glosas e histórias; quarto, o descobrimento de etimologias; quinto, a determinação da analogia; sexto, a crítica dos poemas, que é sem dúvida a parte mais bela de todas as que integram a técnica" (*Tékhne grammatiké* §1).

§ 82. Geografia

O campo de estudo da Geografia está longe de ser um mero desenho da terra e dedicar-se apenas à confecção de mapas como sua denominação indica: um composto de *ge*, 'terra', e *grafia*, 'representação gráfica', ainda que rapidamente -*grafia* tenha tomado o sentido de 'descrição' em geral e tenha constituído a noção ampla que se usa atualmente (para o sentido originário de *grápho*, cf. § 84). Já nos seus primórdios, a Geografia se ocupou de questões demográficas, etnográficas e de economia política, como o testemunha, por exemplo, a obra do geógrafo Estrabão (em redor de 64 a.C. – 25 d.C.).

Observação

1. A denominação de 'geologia', ainda que costume formar parte dos programas de estudo da área da Geografia, refere-se a uma disciplina de tipo científico – e não humanístico, como é a Geografia – dedicada ao estudo (*logia*) (cf. § 87) da terra e de seus elementos.

§ 83. História

'História' provém do latim *historia*, empréstimo do grego *historía*. O último termo evoluiu até referir-se ao que hoje entendemos por História, mas em sua origem e, até já bem avançada a época helenística, não abandonou seu significado primigênio de 'investigação', em sentido amplo. De fato, uma das obras de Aristóteles leva o nome de *perì tôn zoiôn historía*, traduzido ao latim como *Historia animalium*, 'História dos animais', que, longe de propor uma teoria de tipo evolutiva acerca da origem e desenvolvimento das espécies, totalmente anacrônica, desenvolve uma pormenorizada investigação biológica. Do mesmo modo, a *História das plantas* de Teofrasto, discípulo de Aristóteles (*Historía perì tôn phytôn*; latim *Historia plantarum*), constitui uma investigação sobre botânica. As investigações (*historíai*) acerca dos povos e seus avatares sócio-políticos acabaram por monopolizar o uso do termo e alcançar o sentido atual de história. Já em Aristóteles, sem embargo, encontramos usos que prefiguram o que se tornaria definitivo, como a passagem do capítulo 9 da *Poética* em que afirma que "a poesia é mais filosófica e melhor que a História, pois a poesia diz mais o universal, enquanto que a historia é sobre o particular" (1451b). Nesse caso se refere, sem dúvida à história como registro de acontecimentos sócio-políticos.

§ 84. Gramática

O termo 'gramática', orientado a descrever a estrutura da língua, deriva do grego *grammatiké*, que, por sua vez, está formado a partir da raiz do verbo *grápho*, que significa 'traçar', 'marcar', 'desenhar' e também 'escrever'. A ligação com a escritura fez com que o campo semântico de *grápho* se delineasse em torno de duas áreas: a administração – política especialmente – e a cultura. Exemplo disso são as acepções que adquire segundo os contextos e os significados de seus compostos e derivados. Assim, *gráphesthai* é 'redigir um decreto', *antígraphe* é 'uma réplica judicial', *grammateús* indica o 'secretário'. Por outro lado, *syngraphé* é 'uma obra em prosa', *metagrápho* é 'transcrever ou traduzir', *grammatikós* é 'o que conhece as letras', i.e. 'um homem culto', 'o mestre- escola', termos relacionados com o trabalho intelectual. Todas as acepções estão ligadas à cultura escrita.

OBSERVAÇÕES

1. A Matemática também utilizava termos dessa mesma raiz: Assim, *pentégrammos*, 'formado de cinco linhas', deu em português 'pentagrama' como termo exclusivamente musical; *euthýgrammos* 'retilíneo', *grammikós* 'linear, geométrico'.

2. Outros compostos a partir de *graphé*, 'escrito', 'pintura', são *bibliográphos*, 'escriba'; *enkomiográphos* e *eikonográphos*, 'retratista', que deu lugar em português a 'iconografia'; *epistolagráphos*, 'secretário'; *zográphos*, 'pintor'; *ethográphos, historiográphos, logográphos*, 'etógrafo', 'historiador', 'logógrafo'; *antígraphon*, 'cópia'; *éngraphos*, 'desenhado', 'gravado', 'inscrito'; *grapheús*, 'escriba, copista'.

3. Sobre a extensão da noção de Gramática na antiguidade, cf. § 81.4.

§ 85. Física

A 'Física', definida usualmente como a ciência cujo objeto é o estudo dos corpos e suas leis e propriedades, assim como dos agentes naturais e dos fenômenos produzidos nos corpos por sua influência, provém do grego *physiké* (§ 79). Esse adjetivo é aparentado com a raiz do substantivo *phýsis*, 'natureza' e do verbo *phýo*, 'crescer', 'ser por natureza', 'existir'.

OBSERVAÇÕES

1. Da mesma raiz de *phýsis* é o substantivo *phytón*, 'planta', de onde provêm muitos vocábulos da botânica, por exemplo 'fitogeografia', descrição da distribuição territorial das plantas, 'zoófito', animal (*zôion*) com aspecto de planta, etc.

2. Derivados de *phýsis* são 'fisiologia', estudo da natureza e funções dos seres vivos; 'fisioterapia', 'cura (*therapeia*) por meios naturais'; 'neófito', 'novo (*néos*) adepto de uma religião ou grupo', literalmente 'recém nascido' (de *néos* e *phýo*). Também o substantivo *phýlon*, 'espécie', presente em português por exemplo em 'filogênese' (geração evolutiva das espécies).

3. Em latim se conserva a raiz *pýsis* no verbo *fio*, 'chegar a ser'; em *futurus*, 'futuro', 'o que virá a ser'; em *dubius*, 'duvidoso', no sentido de 'estar entre duas (*duo*) coisas ou possibilidades', de onde nossos 'dúvida' e 'duvidoso'; também em *probus*, 'probo, honrado', literalmente 'que brota bem', e em *superbus*, de onde provém 'soberbo', literalmente 'que está em cima'.

§ 86. Química

O nome 'química', ciência que estuda as transformações da matéria e a energia, provém do grego *khéo,* que significa 'verter', 'derramar' e faz referência ao tipo de atividade que caracteriza a experimentação nessa disciplina.

OBSERVAÇÕES

1. Da mesma raiz provém 'alquimia' – do latim medieval *alchimia* – que se refere às atividades desenvolvidas pelos alquimistas na busca da pedra filosofal e à arte de transmutar metais. É um importante antecedente da química moderna por suas tendências experimentais.
2. O latim conserva essa raiz indo-européia *gheu- no verbo *fundo,* 'verter', 'derramar', que dá lugar a numerosos termos em português como 'fundir', 'confundir', 'difundir', 'infundir', 'efusão', infusão', 'transfusão'. Também é da mesma raiz *futilis,* 'que deixa sair seu conteúdo', 'leviano' e, portanto, 'vão', de onde os nossos 'fútil' e 'futilidade'.
3. O verbo grego *khéo* aparece amiúde unido à descrição de fenômenos naturais como atividade de Zeus: *khéei hýdor Zeus,* 'Zeus faz cair (verte) a chuva'.

§ 87. Biologia

A Biologia, estudo dos seres vivos, estrutura sua denominação sobre um composto de *bíos,* 'vida', e *logia.* O último elemento é um derivado de *logos,* 'palavra', 'argumento', com uma forma sufixal *-ia,* comum a grande parte de substantivos abstratos. *Lógos,* por sua vez, deriva do verbo *légo,* que em sua origem significava 'reunir' e, com o tempo, deu lugar a uma modificação semântica que o converteu plenamente em um verbo de referência a atividades mentais, pelo fato de que, ao 'reunir' (frutos, por exemplo, enquanto atividade relacionada com a etapa recoletora da civilização) se desenvolvem processos mentais. É assim que, paulatinamente, *légo* começa a significar 'contar', em sentido numérico, e depois 'contar' discursivamente, 'narrar', de modo que na época clássica o encontramos consagrado como um verbo de dizer. *Lógos* será assim 'palavra', 'discurso' e seu derivado *logia,* 'discurso' ou ' estudo', 'investigação' acerca de uma coisa. No caso da Biologia, um discurso ou investigação acerca dos seres vivos.

OBSERVAÇÕES

1. Há em português numerosos derivados de *bíos* entre os quais 'anfíbio' (de *amphí*, 'ambos'), 'que vive em dois habitats diferentes'; 'autobiografia' (de *autos*, 'si mesmo' e *graphé*, 'descrição'); 'micróbio', forma de vida pequena (*mikrós*); 'simbiose' (com o prefixo *sýn-*, 'com', que indica a associação cooperativa de organismos de diferentes espécies).

2. Da mesma raiz é o grego *zôion*, 'animal', 'ser vivente', de onde 'protozoário', o primeiro (*prôtos*) animal, unicelular e microscópico; também os nomes dos períodos geológicos 'paleozóico', 'mesozóico' e 'cenozóico', que contêm restos das épocas antiga (*palaiós*), média (*mésos*) e nova (*kainós*), respectivamente; 'zoologia', etc.

3. O latim conserva a raiz *bíos* no verbo *vivo*, 'viver', e no substantivo *vita*, 'vida'.

4. O substantivo 'higiene' tem origem em um vocábulo grego da mesma raiz de *bíos* e *zôion*, o substantivo *hygieía*, 'saúde'.

§ 88. Música

Entre as atividades artísticas que integram o currículo escolar a música ocupa um lugar obrigatório. Seu nome está aparentado com uma das raízes indo-européias mais prolíferas na área que nos ocupa. Trata-se da raiz **men*, que gera em grego *moûsa*, 'musa', nome das deidades protetoras das ciências e artes. Da mesma raiz, é o verbo *maínomai*, 'estar fora de si', e *mainás*, 'mênade', a participante dos rituais dionisíacos caracterizados pelo êxtase místico. Igualmente *mania*, 'loucura', de onde em português 'mania', 'maníaco', 'manicômio' (de *koméo*, 'cuidar'), cleptomania (de *klépto*, 'roubar'), etc., e *mántis*, 'vidente', 'adivinho', 'possesso', que evoca os compostos em português terminados em '-mancia', como por exemplo 'necromancia' (adivinhação a partir da invocação aos mortos). A associação com o citado âmbito do campo semântico da raiz ressalta o aspecto de êxtase, inspiração divina e possessão referida à composição artística e que justifica a posição das musas como auspices das artes.

Por outro lado, no entanto, a mesma raiz dá lugar a termos que não conotam a loucura nem o sair de si, mas atividades mentais ligadas especialmente à recordação. Assim, *mimnésko*, 'recordar', de onde nossos 'amnésia' (com alfa privativo) e 'anistia'. Do mesmo modo *mnémon*, 'atento', 'cuidadoso', de onde 'mnêmico' (próprio à memória) e 'mnemotécnica'. O segundo aspecto ressalta o fato de as musas serem protetoras, não só das atividades artísticas, mas também 'científicas', como está muito claro no caso da Matemática (§ 80), da mesma raiz.

OBSERVAÇÕES

1. Na mitologia, as musas eram filhas de Mnemosina, a memória, e Zeus e habitavam o Hélicon, presididas por Apolo. Eram as cantoras divinas, que deleitavam Zeus e as demais divindades e igualmente presidem todo tipo de atividades mentais: Retórica, História, Astronomia, Matemática, etc. Ainda que segundo as diferentes versões o número das musas varie – assim como seu lugar de residência – , o nove costuma predominar. Esse critério fez, por exemplo, com que a obra histórica de Heródoto fosse compilada em nove livros, cada um dos quais com o nome de uma das musas. As funções atribuídas a cada uma também variam, porém a que se segue é a mais aceita: Calíope era a musa da poesia épica; Clio, da historia; Polímnia, da pantomima; Euterpe, da flauta; Terpsícore, da poesia leve e da dança; Érato, da lírica coral; Melpômene, da tragédia; Tália, da comédia e Urânia, da astronomia.

2. O latim conserva variados exemplos da raiz *men*, entre os quais *mens*, 'mente', de onde também 'demente', 'veemente' (prefixo *vê-* de sentido pejorativo), 'de mente impulsiva, violenta'; *mentior*, 'mentir'; *memini*, 'recordar'; *moneo*, 'fazer pensar em algo', 'advertir', de onde 'admonição' e 'moeda' (correspondente ao epíteto 'Moneta' atribuído a Juno: 'Juno Conselheira', junto a seu templo se cunhava o dinheiro). Também 'mostrar', 'demonstrar' e 'monstro' (de *monstrum*, 'prodígio enviado como admoestação pelos deuses').

§ 89. Ginástica

O termo 'ginástica' tem origem no grego *gymnasía*, 'exercício'. A raiz indo-européia de onde ele provém se plasmou também no verbo *gymnázo*, que significa 'exercitar-se', 'praticar', especialmente nos exercícios corporais, assim como 'exercitar a outro' e, em geral, 'habituar-se', 'acostumar-se'.

OBSERVAÇÕES

1. *Gymnasía* e *gymnázo* têm numerosos derivados, muitos deles conservados quase diretamente em português: *gymnásion*, 'ginásio'; *gymnastikós*, 'ginástico'; *gymnastiké*, 'ginástica'; *gymnastés*, 'ginasta'.

2. A mesma raiz está presente no verbo *gymnô*, 'desnudar', 'desarmar'. De fato, o latim conserva a mesma raiz em *nudus*, 'desnudo'. A conexão do verbo *gymnô* com *gymnázo* é clara, uma vez que os exercícios físicos se realizavam sempre com o corpo desnudo (*gymnós*).

§ 90. Esporte

Proveniente do inglês *sport* (séc. XV), por sua vez tomado do francês *déport* (séc. XIII); derivados do latino *portare*, que deriva do verbo 'deportar', e este, por sua vez, do latino *deportare*, composto a partir do verbo *portare*, 'levar', 'fazer passar', 'transportar'. *Portare* implica uma idéia de movimento, que se reflete no composto *deportare,* nas duas acepções clássicas do termo: a que tem a ver com 'conduzir de um lugar a outro' e a que o português herdou, no sentido de 'desterrar'.

O latim clássico não conhece outro significado de *deportare*. É em sua etapa românica que seu significado se amplia até que, no português antigo, o verbo comporta uma idéia reflexiva ligada a 'descansar', 'repousar', 'deter-se'. Não é difícil ver como dessa idéia se desprende o significado que aponta para 'divertir-se', 'recrear-se' e que está plasmado no termo 'esporte', como 'entretenimento' ou 'exercício físico, geralmente ao ar livre. É, a partir daí, que a idéia de 'esporte' se complexifica e tende a referir-se, não a qualquer entretenimento, mas a jogos e competições regrados.

COMO SE ESTUDA E SE ENSINA?

§ 91. Estudar

'Estudar' provém do latim *studere* (substituído por *studiare* em romance) e tem o significado originário de 'ter interesse por', 'ter desejos de', 'aplicar-se a'. No período pós-clássico chega a equivaler ao sentido generalizado de 'estudar'.

OBSERVAÇÕES

1. O valor primitivo pode ser percebido em uma expressão do tipo 'estudo de advocacia', com o sentido de 'trabalho'.
2. Pelo valor afetivo que o termo encerra, há que relacioná-lo com o grego *spoudé*, 'pressa', 'zelo', 'cuidado', a partir da atividade genérica de 'apressar-se', 'esforçar-se por'. *Spoudé* comporta em grego um forte sentido de seriedade com o que se opõe a *paidiá*, 'jogo' (cf. § 25 e 54).

§ 92. Planejamento

'Planejamento' faz referência à explicitação de cronograma, conteúdos e metodologia com os quais será levado a cabo um curso por parte do docente e implica uma referência genérica a noções como 'intenção', 'projeto', 'estrutura das partes de alguma coisa'. Do ponto de vista lingüístico, constitui um composto de origem latina de 'plano' (*planus*) e 'fazer' (*facio*), de modo que, literalmente, 'planejar' é 'fazer um plano'. A raiz de 'plano' remonta ao indo-europeu *plat, que tem um significado amplo do tipo 'estender', 'espalhar' e chega à forma adjetival latina *planus*, 'plano', 'fácil'. Essa idéia de extensão se conserva em 'plano', entendido então como projeto em que se estabelecem as grandes linhas para uma obra.

§ 93. Programa

O termo 'programa', que no âmbito educativo costuma fazer referência ao plano em que se explicitam os conteúdos a tratar durante o curso, é um composto do grego *grámma* (§ 81) e da preposição *pro*. A ligação de *grámma* com o verbo *grápho*, 'escrever', faz que devamos entender 'programa' como o 'escrito para anunciar algo de antemão' (*pro*).

§ 94. Conteúdo

O termo 'conteúdo' é o particípio passivo do verbo 'conter', derivado do latim *continere*, com esse mesmo sentido, composto por sua vez de *teneo*, 'ter', e implica o fato de manter algo dentro de determinados limites. Assim, o homem 'continente' é aquele que se mantém em um determinado estado anímico sem ceder a tendências disruptoras. Aplicado a coisas, 'conteúdo' é todo elemento incorporado e sujeito aos limites de um âmbito maior e, no caso que nos ocupa, o conteúdo educativo é todo conhecimento incorporado em uma disciplina objeto de estudo.

OBSERVAÇÃO

1. Aparentado com 'conteúdo' está o adjetivo verbal *contentus*, 'contente', que é originariamente 'o que se contém'. Pode levar um complemento que especifique aquilo por meio do qual isso se dá, 'estar contente com algo', e um sentido absoluto 'contente', no sentido de 'fixo em uma posição'. Foi adotado, ainda, o significado de 'pleno', 'satisfeito', 'alegre', i.e. 'que não tende a nenhuma coisa'.

§ 95. Estratégia

'Estratégia', enquanto plano deliberado para lograr um determinado fim, deriva de um composto grego a partir de *stratós*, 'grupo de homens', especialmente os que integram um exército, e *ágo*, verbo que significa 'conduzir', 'guiar', de modo que o *strategós* é o estratego, o general que guia o exército. Daí provém o derivado *strategia*, 'estratégia', 'função do general' que consiste precisamente em traçar os planos a seguir.

OBSERVAÇÕES

1. Desse grupo de palavras, aparece primeiramente no português, já no séc. XVI, o termo 'estratagema', no sentido de 'ardil de guerra'. Posteriormente, no séc. XVIII, incorporou-se a partir do francês *stratégue*

o termo 'estratego', primeiro com o significado limitado de 'general grego' e depois com o sentido amplo de 'experto em estratégia'.
2. Sobre outros termos nos quais se encontra a raiz de *ágo*, cf. § 46.

§ 96. Atividade

O termo 'atividade', utilizado no âmbito docente para se referir ao pôr em prática os conteúdos teóricos, deriva do latim *activitas*, por sua vez derivado do verbo *agere*, que deu origem em português a 'fazer'. Daí deriva *actus* com o sentido de 'movimento', 'impulso', que, a partir do período pós-clássico, passa a ter o sentido de 'ação'. Também existe em latim o vocábulo *actio*, com o sentido de 'modo de agir', de onde derivam *activuus*, 'ativo', e, tardiamente, *activitas*, 'atividade', processo no qual se leva a cabo uma ação.

OBSERVAÇÕES

1. Como *agere* tem aspecto durativo, se opõe a *facere*, conservado em numerosos compostos em português como 'satisfazer', etc. (cf. § 92, § 60 e § 7). *Facere* refere-se a uma atividade considerada em um instante preciso, enquanto que *agere* é um 'fazer' que pode indicar a ocupação habitual de alguém.
2. Da mesma raiz são *agilis*, 'ágil'; *actum*, 'o cumprido'; 'ato' e seu plural *acta*, habitualmente com sentido político-administrativo para referir-se à atividade das assembléias e magistrados. Por metonímia aplicou-se depois aos documentos que davam conta das atividades e decisões tomadas nesses contextos.

§ 97. Aula

O termo 'aula' denomina a lição que cada dia o professor dá aos seus alunos. tão relacionado entre nós à 'escola', ele tem, entre as definições dadas pelo dicionário Houaiss, a de 'preleção sobre determinada área do conhecimento'. Esse sentido, aparentemente tão natural, pode levar-nos ao erro se pretendemos aplicá-lo à origem da palavra. De fato, 'aula', no contexto grego que dá origem ao termo, é todo espaço ao ar livre (*aulé*, donde o empréstimo latino *aula*). Assim, em Homero o vocábulo designava o pátio que estava diante da casa, rodeado de construções para cavalariças ou estábulos e para as habitações dos servidores.

OBSERVAÇÕES

1. *Aulé* era habitualmente o pátio ou recinto de um palácio, mansão ou santuário. Em Homero remete, às vezes, a um lugar para guardar animais, estábulo. Mais geralmente era qualquer albergue para passar a noite. A palavra valia tanto para animais como para humanos. A idéia primigênia que subjaz a tal forma e seus compostos e derivados é a de 'permanecer' e a de 'passar a noite ao ar livre'. Isso se faz mais notório ao se considerar a etimologia proposta para *aulé*, que a aparenta com o verbo *iaúo* significando 'dormir', 'passar a noite' e se confirma com o sentido de compostos e derivados. Por exemplo, *ágraulos* 'que passa a noite fora', *drákaulos*, 'que vive fora' – como uma serpente, *drákon* (cf. 'dragão') –; *énaulos*, 'que permanece', e também 'albergue ao ar livre'; *épaulos*, 'estábulo'; *aúleios*, 'do pátio'; *aulízomai*, 'passar a noite ao ar livre'. Existe outra área significativa de *aulé* que desloca seu sentido para a permanência em comum, para o compartir a vivenda e, portanto, para a vida familiar. Assim, *synaulía* e *homaulía*, 'união', vida em comum', *monaulía*, 'celibato' – o viver ou permanecer só, *mónos*.

2. O termo de nítida proveniência latina *atrium* (em português 'átrio') foi tido como equivalente a 'aula' e, na linguagem da Igreja, tanto *atrium* como *aula* foram tomados como sinônimos em sua referência ao 'templo'.

§ 98. Esquema

'Esquema', pode ser usado com um sentido amplo próximo ao de 'estrutura', para referir-se ao modo como está desenhada ou organizada uma coisa, ou com um sentido específico para indicar modelos ou esboços que sintetizem um tema. O termo provém do latim *schema*, tomado por sua vez do grego *skhêma*, um derivado do verbo *ékho*, 'ter', em composição com o sufixo *-ma*, que assinala determinado estado resultante. Assim, *skhêma* toma o sentido de 'forma', 'aspecto', 'atitude', fazendo referência a algo 'que se tem' e marca o modo de ser de algo, de maneira que 'ter um esquema' implica 'ter uma estrutura' determinada, e 'fazer um esquema' implica dar a algo uma figura ou conformação.

OBSERVAÇÕES

1. Ao mesmo tempo em que o latim incorporou o termo *skhêma* como *schema*, também o traduziu como *habitus*, tomando como base o

verbo *habeo,* que em latim significa 'ter', para indicar 'hábito' no sentido de 'o que se tem' e que, portanto, conforma o modo de ser de alguém, especialmente no âmbito da ética.

2. Em português o termo 'esquema' está associado à idéia de síntese e derivadamente de rigidez, de maneira que dizer que algo é 'esquemático' pode indicar que é incompleto, demasiado austero, ou que carece da plasticidade necessária para adaptar-se a um determinado contexto.

§ 99. Projeto

'Projeto' deriva do latim *proiectare,* um composto do verbo *iectare* freqüentativo de *iacere,* ambos com o sentido de 'arrojar', 'lançar' que, com o acréscimo do prefixo *pro-* com valor temporal, tem o sentido literal de 'arrojar para diante', 'lançar para o futuro'. Desse modo, *proiectare* se aproxima da idéia de 'planificar' (cf. § 92), mas com uma idéia subjacente de atividade mais marcada.

OBSERVAÇÃO

1. Termo aparentado com *proiectare* é 'óbice', de *obiex,* 'o que se lança adiante' e que, portanto, funciona como 'obstáculo'. Da mesma conformação da preposição *ob-* mais *iacere* é 'objeto', 'o lançado adiante', mas sem o sentido negativo de obstáculo. O par de 'objeto', caro à filosofia, é 'sujeito', de *subiectum,* com o mesmo verbo *iacere* associado à preposição *sub-,* que indica 'sob', de modo que 'sujeito' é 'o que está lançado na base', 'o que subjaz' e, portanto, fundamento. Também 'jactância' de *iactantia,* literalmente 'o fato de lançar-se para diante', é usado já em latim com sentido figurado; 'conjeturar' de *coniciere,* estruturado a partir do verbo *iacio* e o prefixo *cum-* em seu sentido aspectual, que marca ação em processo de acabamento, de modo que 'conjetura' é o ato de 'lançar' ou 'projetar' uma noção para interpretar um fenômeno.

§ 100. Tese

Os trabalhos de final de pós-graduação universitária costumam implicar a redação de uma tese, que consiste na estruturação de uma obra original sobre um tema relevante do âmbito de estudo em questão. Do grego *thésis,* 'tese' indica literalmente a 'ação de colocar', deriva da raiz do verbo *títhemi,* que significa 'pôr', mais um sufixo

–*si*, que indica processo dinâmico. Sustentar ou postular uma 'tese' implica, portanto, 'pôr' a público uma idéia.

OBSERVAÇÕES

1. Composto da mesma forma é 'hipótese', do grego *hypóthesis,* onde o prefixo *hypó-*, 'debaixo', indica que uma idéia 'posta' opera como 'base' ou 'fundamento'. Desse modo uma hipótese é o núcleo de uma tese, a qual visa sustentar e fundamentar determinada hipótese para mostrar sua plausibilidade.
2. Da mesma raiz de 'tese' é 'tema' (cf. § 107).

§ 101. Palestra

Nos congressos ou jornadas acadêmicos, nos quais distintos profissionais dão a conhecer suas investigações recentes, as apresentações individuais costumam receber o nome de 'palestra'. O termo deriva do grego *palaístra*, que corresponde ao nome que recebia a escola grega (§ 54). Por sua conformação, deriva de *pále*, 'luta'. A primitiva semântica ligada ao conflito pervive na lógica dos eventos acadêmicos, em que se visa despertar a discussão construtiva sobre novos enfoques teóricos.

§ 102. Dissertação

As apresentações orais de um especialista podem receber o nome de 'dissertações'. O termo 'dissertação' provém do latim *dissertatio,* forma nominal de *dissertare,* um composto do verbo *sero* com o sentido de 'discorrer', 'expor', 'explicar'. A adjunção do prefixo *dis-*, que opera um assinalar em direções opostas, confere a *sero* a idéia de multiplicidade de orientações possíveis para o tema tratado, já que a forma simples de *sero* se limita a 'pôr em fila', 'ajustar', 'acomodar', 'enlaçar'. 'Dissertar' é, então, apresentar oralmente a análise dos diversos aspectos contidos em uma questão ou problema.

OBSERVAÇÕES

1. Da mesma conformação, com *dis-* indicando multiplicidade de enfoques possíveis, são 'discorrer' e 'discurso', de *discurro,* formado a partir do verbo *curro,* 'correr', de modo que discurso é 'o que corre', 'o que se desliza' em várias direções.
2. Aparentados com *sero* estão em português 'série', de *series*, com o sentido de 'fila', 'encadeamento'; 'sermão', de *sermo,* que indica

'discurso seguido', 'não interrompido'; 'asserção', de *assertio,* que passa a significar 'afirmação' a partir de 'ajustar a própria postura'; 'inserir', de *insero,* literalmente 'acomodar dentro', 'desertar', de *desero,* 'abandonar', a partir do sentido privativo de *de-*.

§ 103. Exercício

Para incorporar determinados conteúdos é costume a realização de certas atividades denominadas 'exercícios', termo que provém do verbo latino *exercitare,* 'exercitar' (cf. § 18). Primigeniamente restringido ao âmbito do físico, o vocábulo se estendeu a todo âmbito em que se propõe a prática continuada de uma atividade.

§ 104. Prática

O termo 'prática' tem múltiplos usos no âmbito docente, já que se aplica com um sentido similar ao de 'exercício', mas também designa a atividade mesma do mestre nas expressões como 'prática docente', na qual se engloba todo seu fazer – como no caso da expressão 'práticas sociais'. Ao mesmo tempo, pode-se usar de modo muito mais limitado para se referir a alguém que 'tem prática' em algo, com o sentido de que sabe fazê-lo com habilidade. A palavra 'práticas', inclusive, faz referência aos cursos de preparação para a docência dos alunos que estão na última etapa de formação para o magistério ou licenciatura. A plasticidade do termo vem de sua origem grega a partir do verbo *prásso*, 'fazer', 'atuar'. Assim, a forma nominal *práksis*, 'ação', formada com o sufixo *-si*, que indica processo dinâmico, constitui o termo típico para assinalar de modo amplo os atos humanos.

OBSERVAÇÃO

1. Entre as diferentes raízes ligadas em grego à noção de 'fazer', *prásso* tem a particularidade de referir ações humanas mais que atividades produtivas. Para as últimas se utiliza o verbo *poiéo*, 'fabricar', 'criar', de onde provém 'poesia', no sentido de criação.

§ 105. Esboço

O termo 'esboço' faz referência a um desenho provisório e desprovido de detalhes, tanto no âmbito das artes plásticas, nas quais se fala de um esboço, ou bosquejo para indicar o desenho básico, como também no âmbito intelectual, em que remete ao desenho teórico que serve como ponto de partida. A partir do ponto de vista léxico, 'esboço' constitui uma incorporação do italiano *sbozzo*, forma nominal de *sbozzare*, documentada desde meados do séc. XVII. Ambos derivados do termo *bozza*, uma pedra sem polimento, isto é, em estado rudimentar.

§ 106. Rascunho

Os escritos prévios preparatórios para uma versão final costumam denominar-se 'rascunho', vocábulo aparentado com o castelhano *rasguño*, com o sentido de 'arranhão' ou 'ferida superficial', quer dizer, feita com intenções de ser modificada sem dificuldade. O termo remonta ao latim tardio *rasicare*, e este ao vocábulo clássico *rado*, 'rascar'. Precocemente se aplicou 'rascar' ao roçar suave sobre instrumentos de cordas e ' rascunho' ao desenho de traços rápidos.

Observações

1. O termo atualmente em desuso, referido aos cadernos de notas em que se anotam versões preliminares ou notas variadas, é 'borrador', termo derivado de 'borra', e este, por sua vez, do latim tardio *burra* ou *borra*, que se aplicava a uma lã grosseira, que, ao soltar pelugem por sua baixa qualidade, serviu para denominar também os restos deixados por líquidos como a tinta, o azeite ou o café. A forma verbal associada 'borrar' pode ter ganhado um dos seus sentidos atuais de 'fazer desaparecer uma coisa escrita ou imagem', como na expressão "borrar da memória" a partir da idéia de 'fazer borrões', isto é, produzir esse tipo de manchas com restos de tinta, que é o que acontece ao se tentar removê-la do papel.
2. Da mesma raiz de *rado* é o termo 'raso', com o sentido de 'raspado', 'alisado'. Tenha-se em conta que também existe a forma 'rasgar' derivada não de *rado*, mas de *reseco*, com o sentido de 'cortar', 'cercear', 'suprimir', que não tem relação com 'rasgo' nem com 'rascunho'

§ 107. Tema

Um assunto objeto de atenção, estudo ou reflexão costuma denominar-se 'tema'. O vocábulo chegou ao português por via latina, mas constitui, originariamente, um termo grego, *théma*, da raiz do verbo *títhemi*, 'pôr'. À raiz se agrega um sufixo –*ma,* que indica estado, de modo que um *théma* é literalmente 'algo que está posto' como assunto ou problema a desentranhar.

OBSERVAÇÕES

1. Por sua vinculação com *títhemi,* a forma *théma* é aparentada também com *thésis* (cf. § 100).
2. No âmbito grego, *théma* tinha não só o sentido de 'assunto', mas também o de 'prêmio de um certame', o qual se depreende do fato de que nessa ocasião o prêmio está 'posto' no centro da atenção de todos os participantes.

§ 108. Problema

O termo 'problema' deriva do grego *próblema*, forma nominal de *probállo*, um composto do verbo *bállo*, 'lançar' com a preposição *pro-*, que indica 'diante de'. Assim, um problema é algo 'lançado diante' e que constitui então uma barreira ou obstáculo que impede a passagem e requer uma solução. A forma grega *problema* não tinha originariamente o sentido negativo que depois a caracterizou. Ao contrário, indicava a barreira ou o obstáculo sem qualquer conotação negativa. De fato, um obstáculo pode ser um elemento de defesa que impede o ataque dos inimigos, quer dizer, um 'problema' para os adversários e, portanto, uma vantagem para os que estão ameaçados de perigo. A mesma idéia está presente nos usos de 'problema' como 'desculpa', como obstáculo para recusar um pedido, objeção, etc. Logo seu uso foi ampliado para dar conta de situações intelectuais que requerem uma solução, tanto no âmbito filosófico, como no lógico ou matemático.

OBSERVAÇÕES

1. A composição do termo o aparenta com a forma latina *obiex* de *ob* e *iaceo,* que resulta em português 'óbice' (cf. § 99.1), com o mesmo sentido de 'obstáculo'.
2. O latim adotou o termo *próblema* com o sentido de 'problema' e também 'enigma', sentido marginal na língua grega. Daí derivou o substantivo *problematica*, que conservamos em 'problemática', para fazer referência aos casos que se apresentam como questões a serem resolvidas.

3. Em grego há usos do termo *problema* referentes à noção de 'trabalho', enquanto estorvo ou contratempo que deve ser superado, de modo que se relaciona à noção que subjaz ao termo trabalho (cf. § 54).

§ 109. Prova

'Prova', utilizado freqüentemente como sinônimo de 'exame' (§ 112), é um derivado do verbo 'provar', do latim *probare*, verbo que significa 'experimentar', 'provar', mas também 'julgar' e, inclusive, 'aprovar', 'reconhecer', com o que, segundo os contextos, pode referir-se a três estágios bem distintos do processo de juízo sobre alguma coisa: por um lado o processo prévio de prova e experimentação, mas, além disso, o exercício de julgar acerca daquilo experimentado e, por último, o juízo positivo e inclusive o elogio de algo. 'Prova' conserva em português o uso mais restrito ao primeiro desses sentidos, já que o campo semântico de *probare* se dividiu definitivamente em 'provar' e 'aprovar', tendo perdido o sentido de 'julgar'. Esse último se conserva somente em algumas formas como 'homem probo', no sentido de 'homem honesto', 'que merece aprovação'.

Observação

1. São derivados de *probare* em português: 'probidade', *probitas*; 'provável', *probabilis*, mas também 'digno de aprovação'; 'probabilidade', *probabilitas*; 'aprovação', *probatio*, que tem também o sentido de 'prova', 'exame' e, inclusive, 'probabilidade'.

§ 110. Lição

O termo 'lição' tem várias acepções: lição é, por um lado, o conjunto dos conhecimentos teóricos ou práticos dados pelo mestre aos alunos em uma classe sobre uma ciência, arte, ofício ou habilidade; por outro é também o nome dos capítulos ou partes em que se acham divididos tradicionalmente certos escritos destinados ao ensino. É também tudo o que o mestre indica que o aluno deve estudar, de onde 'estudar a lição' e 'dar a lição', no caso em que o aluno expõe seus conhecimentos na frente do docente a modo de exame. Todos os sentidos específicos citados derivam do sentido amplo que *lectio* tem em latim, em que faz referência à 'leitura', termo aparentado com *légo*, 'dizer', uma vez que a prática de leitura na Antigüidade era principalmente oral.

OBSERVAÇÕES

1. Para a evolução de *égo* a partir de seu primitivo significado de 'reunir', 'recoletar' até seu posterior significado de verbo de dizer, ligado inclusive à leitura (cf. § 87), em que se trata do sufixo *-logia*, do grego *légo*, da mesma raiz do *lego* latino.
2. 'Lição' é também, por extensão, toda admoestação, exemplo ou ação alheia que ensina como se conduzir.
3. 'Lição' ou 'leitura' é ainda a intelecção de um texto segundo a opinião de quem o lê ou interpreta, ou segundo cada uma das diversas formas em que aparece escrito. Aplica-se especialmente às diferentes variantes nos textos manuscritos em vista da sua fixação em uma edição.
4. Sobre a extensão da prática da leitura em voz alta, pode-se avaliá-la pela surpresa que ocasiona a prática contrária, isto é, a leitura silenciosa, por exemplo, na surpresa de Santo Agostinho por ocasião da comprovação dessa modalidade em Santo Ambrósio (*Confissões* VI 3).

§ 111. Avaliação

'Avaliação' constitui a forma substantiva de 'avaliar', derivado de '*valiar*', 'valorar', por sua vez do latim *valeo,* cujo significado primigênio é o de 'ser forte', 'prevalecer', 'valer', e dá lugar ao substantivo *valor*, 'valor', de onde 'valorar', 'estimar o valor'. Assim, uma avaliação é o meio pelo qual se estima ou se aprecia o nível ou estágio de desenvolvimento de algo e, no caso da práxis docente, da aprendizagem de um aluno ou do cumprimento de metas de um docente ou de uma Instituição.

OBSERVAÇÃO

1. Da mesma raiz indo-européia **wal,* por intermédio do latim, são nossos termos 'valer', 'válido', 'valente', 'ambivalência' – de *ambo*, 'os dois'.

§ 112. Exame

'Exame' deriva do latim *examen*. O termo comporta a complexidade de um campo semântico difícil de unificar em torno de uma idéia central. Certamente, o termo *examen* era aplicado para referir-se a 'enxame de abelhas' e, por extensão, 'multidão' e ao mesmo tempo remete à ação de 'pesar', 'examinar'. Essa dispersão fez com que os latinos percebessem a diferença de usos como indício de que se tratava de duas palavras desconexas, ainda que tal dispersão respondesse, em realidade, aos diversos significados do verbo do qual deriva – *exigere*, um composto de *ex* mais *agere*, de onde nosso 'exigir' –, prolífico quanto a acepções. Assim *exigo* é, ao mesmo tempo: 'expulsar', 'levar a termo', 'exigir', 'fazer cumprir', 'perguntar', 'medir', 'apreciar', 'julgar'. Os sentidos presentes em 'exame' são, sem dúvida, os que têm a ver com a exigência, a pergunta e o juízo, prevalecendo um ou outro segundo as circunstâncias. De fato, um exame é uma situação orientada para apreciar o nível de conhecimentos adquiridos ou o grau de desenvolvimento em um determinado âmbito, que se leva a cabo habitualmente por meio de perguntas ou inquisições de tipo variado, baseadas em um *corpus* temático prefixado sobre o qual o examinado deve responder.

Observação

1. Sobre outros compostos de *agere*, cf. § 95.

§ 113. Curso

'Curso' provém do latim *cursus*, 'corrida', por sua vez derivado do verbo *curro*, 'correr'. *Cursus* refere-se, então, ao percurso, rumo – cf. a expressão 'manter o curso' –, mas tem, já no latim clássico, o sentido durativo que ainda conserva, já que 'curso' é, habitualmente, um tempo estabelecido – anual, semestral, quadrimestral, semanal, etc. –, como em expressões como 'no curso deste ano'. No âmbito da práxis docente se usa como período para assistir às aulas nos estabelecimentos de ensino.

Observações

1. O português comporta numerosos derivados de *curro*, entre eles 'cursar', de *curso*, freqüentativo de *curro*, 'correr'; 'corsário', do latim medieval *corsarius*, e os compostos 'discorrer', 'escorrer', 'recorrer', 'percorrer', 'socorrer', 'transcorrer'. Também 'carro', derivado de *carrus*, de onde 'carreira', de *carraria*, 'via para carros'; 'carruagem', de *carruca*; 'carpinteiro', de *carpentarius*, 'construtor de carros, e os compostos 'acarrear', 'descarrilar'.
2. Sobre a relação entre *curro* e 'discurso', cf. § 102.1.

§ 114. Oficina

O lugar onde se fabrica, elabora ou conserta algo recebe o nome de oficina, a partir do latim *officina*, um derivado de *officium*, com o sentido de 'serviço', 'cargo', 'dever'. Seu derivado *officina* é antigo e era usado para designar o espaço em que se desenvolviam esses tipos de atividades, de modo que podia indicar uma oficina ou uma escola. A última aplicação persiste na ligação do termo com a atividade de investigação acadêmica.

OBSERVAÇÕES

1. De maneira derivada, toma o sentido de laboratório, passando por uma conformação semântica similar a *officina* (cf. 65).
2. Com o mesmo sentido de oficina, estendeu-se o uso do anglicismo *workshop*.

§ 115. Seminário

'Seminário' é o nome que se aplica tanto a algumas disciplinas como a atividades extraprogramáticas. A palavra costuma fazer referência a uma metodologia particular de trabalho durante o curso em que se pressupõe um maior grau não só de participação como de preparação por parte dos alunos, que, em geral, estão orientados à pesquisa, razão pela qual se supõem estudantes em final de graduação ou na pós-graduação. Literalmente, 'seminário' significa 'sementeira' (*seminarius*, de *sêmen*, 'semente'), já que é o lugar onde se formam os discípulos. O termo está muito marcado pelos usos eclesiásticos, que se orientavam à formação de religiosos e, portanto, era uma "sementeira" de futuros eclesiásticos.

OBSERVAÇÕES

1. Além de 'semente' temos em português 'semente', *sementis*; 'semear', *seminare*; 'disseminar', *disseminare*.
2. Também significam 'semear' os verbos latinos *satio* e *sero*. Do primeiro deriva: 'sazão', 'tempo de semear', 'ocasião oportuna'. A partir de *inserere*, composto do segundo, 'inserir', literalmente 'semear uma coisa em outra', 'implantar', e também 'enxertar', de sentido similar ao anterior, de *insertare*, freqüentativo de *inserere*.

§ 116. Congresso

Habitualmente se entende por 'congresso' a reunião de várias pessoas para tratar de algum tema ou negócio e, mais geralmente, à que se faz para deliberar sobre assuntos de governo dentro de ou entre nações. Daí que, em alguns países, seja o nome de um corpo legislativo com variadas funções dentro do sistema de governo. Por extensão, costuma ser a denominação do edifício onde os mesmos legisladores celebram suas sessões. No jargão acadêmico costuma conservar seu sentido original de 'reunião' e refere-se às atividades acadêmicas organizadas para a apresentação, discussão e intercâmbio de opiniões sobre um tema ou temas particulares. 'Congresso' deriva do latim *congressus*, de *congredior*, 'encontrar-se', 'juntar-se', 'conferenciar'. Também tem um viés semântico ligado ao sentido de 'sair ao encontro' para a luta, de onde 'combater'. Essa acepção dá a *congressus* tanto o sentido de 'reunião' como o de 'combate' e faz com que a idéia atual de 'congresso' albergue de igual modo as noções de conferências e debates, talvez por debilitação da noção de luta. Tal variedade de sentidos estava presente já no latim clássico.

§ 117. Conferência

Entre as atividades acadêmicas é habitual que existam conferências, exposições dedicadas por um especialista a um tema determinado. O nome 'conferência' deriva do composto latino *confero* – de *cum*, preposição 'com', e *fero*, 'levar' –, que significa 'reunir', 'acercar', também 'combater' e, ao mesmo tempo, 'conversar', 'conferenciar', inclusive 'entregar' (cf. 'conferir').

OBSERVAÇÃO

1. É de se notar que *confero* guarda a mesma dualidade que existe em *congredior* (§ 116) entre 'reunir' e 'combater', com sentidos intermédios similares ligados à disputa intelectual.

§ 118. Jornada

'Jornada' tem, no jargão educativo, mais de um significado. Por um lado, é o espaço de tempo no qual se desenvolve a atividade dentro do estabelecimento, mas também é o termo com o qual se faz referência a atividades habitualmente extraprogramáticas dedicadas ao tratamento ou estudo de temas de estudo particulares. 'Jornada' provém do lat. *diurnata* –de *diuturnum,* que substituiu as formas breves surgidas de *dies,* 'dia' –, 'diurno', 'de dia', 'diário'.

OBSERVAÇÃO

1. *Diurnum* era o nome da ração diária de um escravo e deu em português 'diária' com o sentido de 'pagamento ou soldo diário' (também do occitano).

Alguns materiais escolares:

§ 119. Caderno

Entre os materiais escolares imprescindíveis conta-se o caderno, cujo nome provém de sua primitiva conformação material a partir de quatro folhas dobradas (*quaterni,* de *quattuor,* 'quatro'). Efetivamente, a terminologia tem sua origem na etapa em que o suporte da escritura eram os códices. Estes eram feitos de peles de animal, especialmente vacas e cabras, submetidas a um processo de branqueamento e alisamento para serem utilizadas como fólios. Ao redor do séc. XII começou-se a utilizar o papel – que se conhecia desde o séc. IX, por meio dos contactos com o extremo oriente –, dado o encarecimento do processo de produção do códice em pele, que só se destinava a obras litúrgicas ou de luxo preparadas para pessoas pudendas. A metodologia básica continuou sendo a mesma, mas se aperfeiçoou em função da possibilidade de poder definir de antemão o tamanho e o desenho do fólio. A folha de papel era dobrada em várias partes, com nomes diferenciados. Assim, se era dobrada em duas partes tratava-se de um *binion,* mas se em quatro, estávamos diante de um *quaternion* e se em seis, de um *senion,* etc. Várias dessas unidades encadernadas conformavam o *volumen.*

§ 120. Pasta

A partir do latim *pasta,* nome para uma massa com plasticidade, formar-se-ão numerosos derivados, entre os quais se conta o composto de celulose a partir da qual se fabrica o papel. Por extensão, refere-se também ao dispositivo de capas resistentes para guardar papéis ou documentos.

§ 121. Livro

O livro, base da cultura escrita, tem uma história própria e complexa. Seu nome, derivado do latim *liber*, remonta aos primeiros procedimentos de escritura levada a cabo por letras marcadas sobre película extraída da cortiça das árvores, chamada precisamente *liber* (tudo isso antes de haver-se estendido o uso do papiro). Muitas vezes, reservava-se esse tipo de suporte material para obras longas, e as tabuletas continuaram sendo utilizadas para questões cotidianas, como testemunhos de transações comerciais, cartas, mensagens e anotações várias. Para as obras literárias em geral, o papiro foi utilizado até o séc. III d.C. Ao redor dessa época, começou a estender-se o uso do códice de pergaminho, introduzido alguns séculos antes, pela escola de Pérgamo, que aspirava a rivalizar com a de Alexandria. A composição do códice trazia amplas vantagens dada a maior resistência da pele em relação ao material quebradiço e difícil de manipular das fibras de papiro. Por extensão, chamou-se *liber* à obra mesma, e o nome conservou-se ainda quando o *liber* foi substituído por papiros, pergaminhos e, finalmente, por papel.

OBSERVAÇÃO

1. O diminutivo de *liber* é *libellus*, antecedente de 'libelo'. Em sua origem refere-se a um escrito curto realizado sobre pequenos pedaços de papiro empilhados ao estilo dos livros modernos, e não enrolados como os dedicados a obras de maior envergadura (*volumen*). Utilizava-se, principalmente, para cartas, programas, testamentos, panfletos e petições. Do último (*libellus*) surge o nome *libellatici*, dado aos primeiros cristãos que, em épocas de perseguição, tentavam conseguir por meio de petições que os magistrados lhes estendessem falsos certificados, testemunhos do cumprimento dos sacrifícios aos deuses.

§122. Lápis

O nome 'lápis' tem sua origem no latim *lápis*, 'pedra', especialmente aquela com a qual se escreve. O sentido, no entanto, é notoriamente tardio, já que é muito depois da época clássica que tal instrumento foi utilizado para escrever.

Observações

1. *Lapis* usava-se na época clássica com o sentido geral de 'pedra', para referir-se a marcas militares, estátuas, monumentos funerários, pedras preciosas e, inclusive, metaforicamente, para burlar-se de indivíduos de pouca inteligência. O sentido geral de 'pedra' foi representado no baixo latim por *petra*, 'pedra', que acabou deslocando o sentido de *lapis*.

2. Com *lapis* estão aparentados lápide e os latinos *lapido*, 'lapidar', *dilapido*, 'dilapidar', *lapidarius*, 'lapidário'.

POR QUE E PARA QUE SE ESTUDA?

§ 123. Conhecer

Nosso termo em português 'conhecer' deriva do latim *cognoscere*, que substituiu *(g)noscere* nas línguas romances. O significado fundamental desse verbo é o mesmo que se conservou no nosso idioma, como é demonstrado pelos derivados dessa raiz: *nobilis*, 'nobre', isto é, 'conhecido', 'célebre'; *nomen*, 'nome'; *notio*, 'noção' – 'ato de tomar conhecimento'. Foi examinada a possibilidade de que a idéia que subjaz a essa raiz tenha sido identificada no indo-europeu à noção de 'chegar a ser', de 'engendrar' (latim *(g)nascere*, 'nascer', grego *gígnomai*, 'nascer', 'gerar'). Na etapa clássica da língua latina, os sentidos estão diferenciados e dão lugar a dois verbos diferentes: *nosco* e *nascor*, no caso do latim, e *gignósko* e *gígnomai*, no caso do grego. A possível consubstanciação de motivos ontológicos (referentes à realidade) e gnosiológicos (referentes ao conhecimento), dada a identidade das raízes de 'existir' e 'conhecer', de fato, pode causar estranheza aos ouvidos modernos. A diversificação nas línguas históricas não tardaria em chegar e a filosofia grega foi-se aproximando, paulatinamente, a uma problematização crítica dessa relação.

OBSERVAÇÕES

1. Da mesma raiz são derivados *notitia*, 'notícia', no sentido de 'celebridade', 'fato de ser conhecido ou de conhecer'; *notefacio*, 'notificar'; *cognitio*, 'conhecimento'; *incognitus*, 'desconhecido'.

2. Outra raiz associada em grego ao conhecimento é *math-* (cf. § 80 e 88), que dá lugar ao substantivo *máthos*, 'conhecimento', assim como *máthe* e *máthesis*, 'fato de aprender', *máthema*, 'o que é ensinado',

'conhecimento', e seu plural *mathémata,* que deu origem a 'matemática'. Cf. outros compostos derivados dessa raiz em 125.3.

3. São freqüentes as conexões entre *máthos* e *páthos,* 'experiência', especialmente a negativa, e portanto, 'padecimento': *tôi páthei máthos,* 'por padecimento <se dá o> conhecimento', ou *tà pathémata mathémata,* 'os padecimentos <engendram> conhecimentos'.

§ 124. Gnose

Nesse ponto, no âmbito do grego, observa-se um sistema semelhante ao latino. Partindo da possibilidade de uma identidade originária no indo-europeu, produziu-se uma diversificação semântica que deu lugar aos verbos *gígnomai,* 'nascer', e *gignósko,* 'conhecer' (§ 123). O significado associado a esse termo deu o conceito chave de *gnósis,* 'conhecimento', e, entre outros, o de *ónoma,* 'nome'.

OBSERVAÇÕES

1. *Gignósko* deu origem a numerosos derivados que integram o léxico português, alguns por intermédio do latim, mas boa parte deles são incorporações tardias e indiretas que penetraram sob a forma de vocábulos cultos ou técnicos. Assim, 'diagnóstico' – *diágnosis,* 'juízo', 'determinação' –, 'prognose' – *prógnosis,* 'conhecimento antecipado' – e seu derivado 'prognóstico', entre outros.

2. *Gnóse* é 'conhecimento' em sentido geral, mas também constituiu uma noção central que deu nome a toda uma corrente religioso-filosófica conhecida como gnosticismo, que floresceu especialmente no século II de nossa era. O gnosticismo colocava a 'gnose' como noção central, enquanto conhecimento intuitivo e absoluto da natureza de Deus. Por postularem via de conhecimento direto e, sobretudo, racional da divindade, foram considerados heréticos e combatidos pela então incipiente organização da Igreja.

§ 125. Aprender

O termo 'aprender' é de origem latina e remonta ao verbo *prehendo,* 'tomar', 'colher', com o acréscimo da preposição *ad.* A raiz indo-européia da qual provém *prehendo* não deixou marcas no grego nem no sânscrito, ainda que as encontremos em outras línguas, por exemplo, no albanês, no irlandês médio, etc. Pressupõe a idéia de que o conhecimento é algo que se toma e se assimila. Se nos guiamos pelas metáforas alimentícias que marcam, por exemplo, o conceito de *alumnus* (§ 22) e, muito provavelmente, contaminam o sentido de *educo* (cf. § 1), não nos deve parecer estranho que aqui o conhecimento seja concebido do mesmo modo como algo concreto. Esse costume não só é próprio da língua e dos povos 'jovens'. De fato, entender o conhecimento como um *prehendere* não difere em muito da explicação piagetiana do comportamento psicológico do sujeito diante do novo conhecimento como 'assimilação' e 'acomodação'. O acréscimo do prefixo *ad-* confere a *prehendere* um sentido direcional, de aproximação a um ponto determinado e, ao mesmo tempo, um sentido incoativo que marca o começo de uma ação. De modo que, se *prenderé* se refere à ação de 'tomar' algo, o acréscimo de *ad,* então, confere o sentido de 'começar a tomar', no terreno propriamente intelectual, onde se especializou, indica o começo da apropriação do conhecimento. Vale a pena notar que o sentido incoativo de *ad* é o mesmo que está presente, por exemplo, em 'adolescente', que é, literalmente, 'o que começa a crescer' (cf. § 23).

Observações

1. Da mesma raiz são os termos 'preso', *prensus*; 'prisão', *prehensio*; 'empresa', *imprehensa*; 'surpresa', de *sor* (por *sub*) *prehendere*, 'tomar de improviso'; 'depredar', *depraedare*; 'depredação', *depraedatio* (esses dois últimos a partir do latim *praeda*, 'presa'). Entre os compostos derivados dessa raiz, cf. também 'compreender' (§ 126).

2. O latim clássico tinha outro verbo ligado ao significado de 'aprender' que as línguas romances pouco conservaram, por terem preferido verbos formados a partir da raiz de *prehendere,* como já vimos. Trata-se de *discere* que significa 'aprender', por oposição ao causativo *doceo* (§ 35), 'ensinar', 'fazer aprender'.

3. O campo semântico de 'aprender' está coberto em grego pelo verbo *mantháno* (para a raiz *math*, cf. § 80, § 88 e § 123.2), que significa originariamente 'aprender praticamente', 'por experiência', 'aprender a conhecer', 'aprender a fazer'. Já na época clássica *mantháno* se aproximava ao sentido de 'compreender'. Pode-se, então, apreciar um deslocamento a partir do âmbito do conhecimento concreto para o conhecimento abstrato. *Mantháno* gera numerosos compostos a partir de prevérbios: *anamantháno*, 'olvidar', 'esquecer o conhecido'; *ekmantháno*, 'aprender por completo', no sentido de 'de uma vez'; *katamantháno*, 'aprender por completo', no sentido de 'em

profundidade', 'compreender'; *metamantháno*, 'mudar o conhecimento', 'esquecer'; *promantháno*, 'saber por antecipação'.

§ 126. Compreender

'Compreender' pertence à mesma raiz de 'aprender' (§ 125) e constitui um composto a partir do verbo *prehendere* com a preposição *cum*. Essa idéia aponta a uma apreensão integrada do conhecimento, em que não há captação de elementos isolados, mas do fenômeno em seu conjunto.

OBSERVAÇÃO

1. Com sentido contrário a 'compreender', em 'desprender' há o prefixo separativo *dês-*, que implica o desmembramento de uma unidade primigênia.

§ 127. Saber

O termo 'saber' provém do latim *sapere*, que significa originariamente 'saborear'. Do sentido concreto, unicamente aplicado a coisas, o vocábulo evoluiu até a idéia de, poderíamos dizer, 'saborear idéias' e, portanto, 'ter bom gosto', 'discernir', 'ser sábio'.

OBSERVAÇÃO

1. Seu derivado *sapientia* é o termo usual para traduzir o grego *sophia*, 'sabedoria', e, inclusive, às vezes, *philosophía* – vocábulo transliterado também diretamente como *philosophía*.

§ 128. Assimilar

A palavra latina *similis* tem uma forma verbal *similare*, que originou em português 'assemelhar'. Como sua forma originária, 'semelhar' tem todos os sentidos que encontramos no verbo 'parecer' e 'assemelhar'. Paulatinamente, seu âmbito foi-se limitando até se concentrar na significação de 'parecer-se uma coisa a outra' e, inclusive, no registro atual, seu uso restringiu-se a textos literários ou àqueles de clara vocação arcaizante. Assim, à medida que a evolução da língua converteu *similare* em *semelhar*, todos os vocábulos que conservam a antiga forma são cultismos. Por exemplo, 'símil' no sentido de comparação, 'similar', 'parecido', e o termo que nos ocupa, 'assimilar', que tem o sentido básico de 'tornar parecido' e também, com valor reflexivo, 'tornar-se parecido' e, a partir daí, 'incorporar', servem aos propósitos de dar conta da apropriação, tanto no plano físico – 'assimilar um medicamento' – como mental – 'assimilar um conhecimento'.O prefixo *ad-*, por seu sentido direcional, indica precisamente a presença de um correlato, com respeito ao qual se efetua o processo de 'tornar ou tornar-se parecido'.

OBSERVAÇÕES

1. As formas 'símil' e 'similar', segundo alguns, foram introduzidas como cultismos, a partir do inglês que conservou a forma latina, o que levou, em alguns casos, a que fossem combatidos como estrangeirismos. Não é o caso de 'assimilar', que está testemunhado em português desde o séc. XVII.
2. *Similis* está, em latim, aparentado com *simul*, 'ao mesmo tempo', que dá lugar a formas como 'simultâneo' e 'simular'.
3. 'Assimilação' é um dos termos paradigmáticos da psicologia piagetiana que, junto com 'acomodação', dão conta dos processos básicos do ato de aprendizagem. O primeiro orientado à apreensão ou incorporação de um determinado conhecimento ou conduta e o segundo à adaptação ao plexo cognoscitivo próprio do sujeito da aprendizagem que lhe outorga significado e conexão com os conhecimentos prévios.

§ 129. Entender

'Entender' deriva do latim *intendere*, um composto do verbo *tendo* com a preposição *in* que deu lugar em português a 'tender', de modo que *intendere* implica 'orientar-se em direção a algum ponto', 'prestar atenção'. Etimologicamente, não indica tanto o haver compreendido – ainda que, em muitos registros 'entender' e 'compreender' sejam usados com sentido similar –, mas o aplicar-se a uma coisa, com a qual se supõe a familiaridade e a habilidade para tratar com ela, percebe-se em expressões como 'ser entendido' em algo, com o sentido de 'saber' determinada coisa.

OBSERVAÇÃO

1. De *intendere* derivam igualmente os vocábulos 'intenção' e 'intentar', que assinalam também a orientação para um objetivo. Com outras preposições, *tendo* forma compostos como 'estender', de *extendo*, 'tender pra fora', 'atender' e 'atenção' de *attendo*, 'tender a algo'.

§ 130. Pensar

O termo 'pensar' provém do latim *pensare,* que constitui uma forma tardia derivada de *pendere*, com o sentido de 'pesar'. O sentido concreto conviveu sempre com o abstrato, de modo que significou tanto o ato de determinar o peso, como o de 'avaliar', 'estimar' mentalmente, tal como em português utilizamos um composto desse mesmo verbo na expressão 'sopesar alternativas'. 'Pensar' concentra, pois, um sentido originário que alude a um juízo avaliativo sobre o objeto do pensamento.

Observação

1. Com apofonia e/o apresentava-se o termo *pondus* com o sentido de 'peso', a partir do qual o português construiu 'ponderar'. Aqui se conserva a mesma associação entre 'peso' e 'avaliação'.

§ 131. Julgar

Entre as atividades intelectuais presentes na educação se encontra a de julgar, cuja denominação deriva da antiga forma 'judgar' (séc. XIII) e essa do latim *iudicare* com o mesmo sentido. A forma latina pertence à raiz de *ius*, 'direito', que, originalmente, fazia referência a uma fórmula religiosa inquestionável. Aquele que proferia tal fórmula com força de lei era o *iudex*, 'juiz', cuja atividade era o *iudicare,* i.e. dizer o direito, administrar justiça; para isso devia analisar, estimar, avaliar e decidir, atividades todas pressupostas no ato de juízo.

Observação

1. Dessa raiz são também os termos 'justo', de *iustus*, e 'justiça', de *iustitia*, assim como os compostos 'adjudicar', de *adiudico*, 'atribuir', 'julgar que algo é para alguém'; 'prejulgar', de *praeiudico*, 'julgar à primeira vista ou de modo apressado'.

§ 132. Criticar

'Criticar' originou-se a partir do grego *kritikós*, 'crítico', adjetivo derivado do verbo *kríno*, que se referia originariamente a uma atividade concreta como a de filtrar – farinha, por exemplo –, cujo correspondente em português é 'peneirar'. A partir daí tomou o sentido de 'escolher', dada a atividade mental que a ação implicava, e depois o sentido mais abstrato ainda de 'decidir', como se encontra no âmbito jurídico, onde o juiz é denominado *krités*, isto é, o agente que aplica um 'critério' de avaliação de acordo com determinadas pautas e decide sobre um assunto. Observe-se a gênese mais concreta de *krités* diante de seu equivalente latino *iudex*, 'juiz', a partir de *ius* (§ 131). A atividade de crítica implica, pois, a análise e a avaliação e não tem, por si mesma, o sentido negativo que adquire nos registros coloquiais onde se pressupõe que a avaliação seja negativa.

OBSERVAÇÕES

1. O verbo grego *kríno* tem um sentido mais restrito que 'julgar' (§ 132), que, em alguns usos, se aproxima ao de 'pensar' em geral. *Kríno*, por sua origem concreta, que o converte na variante latina de *cerno* (cf. 'discernir' em § 135), aponta à etapa de análise mais que à de reflexão decisória. Isso se evidencia em seus usos posteriores na tradição ocidental, uma conhecida obra de Kant conjuga ambos os termos no texto *Crítica do juízo*, em que 'crítica' remete à análise e 'juízo' a um tipo de atividade intelectual.

2. Para fazer referência ao juiz, havia na Grécia clássica uma denominação alternativa à de *krités* que era a de *doksastés*. A diferença entre ambas radica em que o juiz como *krités* podia limitar-se a aplicar uma lei ou princípio legal, enquanto que o *doksastés*, literalmente o 'opinador' – de *dóksa* 'opinião –, deveria levar a cabo um juízo de tipo moral, no qual o marco legal era secundário.

§ 133. Ignorar

'Ignorar', termo que assinala a ausência do 'conhecer', deriva da mesma raiz desse vocábulo (cf. § 123), com o acréscimo do prefixo negativo *in-*.

OBSERVAÇÃO

1. Sobre o termo 'erudito', que inclui uma referência à ignorância, cf. § 50.4.

§ 134. Encontrar

O termo 'encontrar', que faz referência a 'achar' – respostas, soluções ou problemas no campo que nos ocupa –, deriva da verbalização da expressão *in contra*. Assim, 'encontrar' é, literalmente, 'topar com algo'.

OBSERVAÇÃO

1. Outros derivados de *contra* são 'contrário', de *contrarius*, 'contrariedade', de *contrarietas*.

§ 135. Discernir

Junto às atividades judicativas encontra-se 'discernir', termo derivado do latim *discernere*, composto de *cernere*, 'cernir', 'peneirar', 'passar por orifícios'. A partir daí adquire o sentido de 'decidir'. A preposição *dis-* aporta a noção de multiplicidade de aplicação (cf. § 102).

OBSERVAÇÕES

1. Para a variante grega com sentido originário de 'cernir', cf. § 132.
2. De conformação similar é o termo 'discriminar', derivado de *discrimen*, 'decisão'.
3. Da idéia de 'passar por orifícios' deriva o sentido do composto *excrementum*, 'excremento'.
4. O termo 'crime' se relaciona, originariamente, com *cerno*, mas o deslizamento semântico operado rompeu a relação: *crimen* era, inicialmente, aquilo sobre o que um juiz deveria decidir, de onde passou a indicar a figura jurídica em jogo, i.e., a acusação e, finalmente, o fato mesmo que se julga e que é objeto da acusação.

§ 136. Decifrar

O termo 'decifrar' é uma conformação a partir do termo árabe *sifr*, incorporado na época do rei Alfonso X, o Sábio, por ocasião da adoção do sistema de números arábicos. *Sifr* indicava o número zero e, como protótipo de número, tomou o sentido de 'cifra'. Uma vez que indica um código, o sentido de 'cifrar' implica a codificação de uma mensagem que a faz compreensível apenas aos iniciados. De modo que, seu contrário, 'decifrar', por acréscimo do prefixo negativo de origem latina *des-*, significa 'deslindar algo que está codificado para torná-lo compreensível'. Em termos gerais aplica-se à compreensão de algo complexo que requer especial dedicação.

OBSERVAÇÃO

1. Na zona italiana o termo árabe *sifr* incorporou-se latinizado como *zephirum*, de onde deriva o italiano *zero*, que se estendeu a outras

línguas. Assim, 'zero' e 'cifra' derivam de uma mesma origem com de evoluções diversas.

§ 137. Opinar

O termo latino *opinio,* de onde surge 'opinião', tem o sentido de 'crença', de modo que 'opinar' é manifestar uma crença. Em numerosos contextos se desenvolve a oposição entre a manifestação de uma mera crença, que pode ser falsa ou enganosa, e a manifestação de algo verdadeiro, o que corresponde à oposição que se dá em grego entre *dóksa*, 'opinião', e *alétheia*, 'verdade'.

OBSERVAÇÕES

1. Tal como *dóksa, opinio* tem também o sentido de 'fama', de modo que alguém *opinatus* é alguém 'famoso'.
2. Sobre a noção de *dóksa*, cf. § 15.1 e § 35.2.

§ 138. Considerar

O verbo 'considerar', que se usa com um sentido próximo a 'examinar', 'analisar', tem uma origem distante dessa esfera semântica. O latino *considerare* deriva do substantivo *sidus*, 'constelação', com a preposição *cum-*, 'com'. *Sidus* era um termo caro à astrologia para indicar o efeito dos astros sobre as pessoas e também para efeitos práticos, na navegação. Do primitivo sentido de 'mirar o céu estrelado' passou a um sentido mais amplo de 'examinar com cuidado'.

OBSERVAÇÕES

1. O português conserva o derivado de *sidus*, 'sideral', em expressões como 'espaço sideral', espaço em que brilham as estrelas ou, de maneira figurada, 'tamanho sideral', para referir-se a dimensões gigantescas, como as distâncias que separam os corpos celestes.
2. Um deslocamento semântico desse tipo deu-se também em 'contemplar', derivado de *templum*, 'lugar onde se praticavam os augúrios', que se podia referir ainda a uma porção do céu que fosse objeto de interpretação. *Contemplare* adquiriu, assim, inclusive, o sentido de 'observar', 'examinar'.

§ 139. Penetrar

O termo 'penetrar' deriva do latim *penetrare*, um composto derivado de *penus* que designava a parte interior da casa onde se guardavam as provisões. A associação com a forma *intra*, 'dentro', conforma o verbo *penetrare*, que indica chegar ao fundo. Junto aos sentidos concretos, que indicam penetrar fisicamente em um lugar, desenvolveram-se sentidos figurados, os que interessam ao âmbito educativo, onde é possível "entrar" ou "introduzir-se" em um tema, matéria ou problema determinado.

§ 140. Conceber

O termo 'conceber', referido à conformação de um conceito ou idéia, deriva do latino *concipere*, um composto de *capio*, 'agarrar', 'tomar com a mão', e, por extensão, 'conter', a partir do qual se desenvolve o sentido de 'conter na mente'. Tal sentido, presente em *capio*, é específico em *concipere* – que à forma básica agrega a preposição *cum*-, 'com' –, que comporta o sentido de 'concepção', tanto física como intelectual.

Observações

1. Da mesma raiz são 'aceitar', de *accipio*, 'tomar voluntariamente'; 'antecipar', de *anticipo*, 'tomar por adiantado'; 'excetuar', de *excipio*, 'pôr à parte'; 'perceber', de *percipio*, literalmente 'tomar através'; 'preceito', de *praeceptus*, 'medida tomada previamente'; 'captor', de *captor* e 'cativo', de *captiuus*.

2. Também está aparentado com *capio* o termo *capax*, 'capaz', o que pode conter ou tomar algo.

§ 141. Intuir

O tipo de percepção ou conhecimento 'intuitivo' deriva seu nome do latino *intuere*, composto do verbo *tueor* que oscila entre o sentido de 'ver' e 'proteger'. Nos compostos, prima a significação ligada à visão, de modo que *intuere* é 'ver dentro' de uma coisa, e a partir daí o sentido de captação direta, com pouca ou nenhuma mediação intelectual.

Observações

1. Da mesma raiz, com predomínio do sentido de 'proteger', é *tutor*, 'tutor', 'protetor'.

REFERÊNCIAS

ADRADOS, F. *Diccionario Griego-Español (DGE)*. Madrid: CSIC, 1980-2002.

ADRADOS, F. *Lingüística indoeuropea*. v. 2. Madrid: Gredos, 1975.

BAILLY, A. *Dictionnaire Grec-Francaise*. Paris: Hachette, 1963.

BENVENISTE, E. *Le vocabulaire des institutions indo-europeenes*. 2v. Paris: De Minuit, 1969.

BENVENISTE, E. *Origines de la formation des noms en indo-européen*. Paris: Klincksieck, 1935.

BERNABÉ, A. El descubrimiento del sánscrito: tradición y novedad en la lingüística europea. *Revista española de lingüística*. Madrid, v. 13, n. 1, 1983.

BOISACQ, E. *Dictionnaire étymologyque de la langue grecque*. Heidelberg-Paris: Winter-Klincksieck, 1950.

BREAL, M.; BAILLY, A. *Dictionnaire étymologique latin*. 11. ed. Paris: Hachette, 1980.

BREAL, M.; BAILLY, A. *Les mots latins groupés d'après le sens et l'étymologie*. Paris: Hachette, 1893.

BRUGMANN, K.; DELBRÜCK, B. *Grundriss der vergleichenden Grammatik der indogermanischen Sprachen*. Strassburg: Teubner, 1897-1916.

BUCK, C. *A dictionnary of selected synonyms in the principal indo-european languages*. Chicago-Londres: University of Chicago Press, 1949.

CARDONA, G.; HOENIGSWALD, H.; SENN, A. *Indo-European and Indo-Europeans*. Philadelphia: University of Pennsylvania Press, 1970.

CARNOY, A. *Dictionnaire étymologique de proto-indo-européen*. Louvain: Universitas, 1955.

CASTELLO, L. A.; CONDE, O. *Gramática latina*. Buenos Aires: USAL, 1996 (resultados de un Proyecto de Investigación en la Facultad de Filosofía – USAL).

COROMINAS, J.; PASCUAL, J. A. *Diccionario crítico-etimológico castellano e hispano*. 6v. Madrid: Gredos, 1991.

COSERIU, E. *Tradición y novedad en la ciencia del lenguaje*. Madrid: Gredos, 1977.

COSERIU, E. *El hombre y su lenguaje: estudios de teoría y metodología lingüística*. Madrid: Gredos, 1978.

COSERIU, E. *Estudios de lingüística románica*. Madrid: Gredos, 1978.

COSERIU, E. *Principios de semántica estructural*. (versão alemã por Marcos Martínez Hernández). Madrid: Gredos, 1977.

COSERIU, E. *Gramática, semántica, universales: estudios de lingüística funcional*. Madrid: Gredos, 1987.

COSERIU, E. *Lecciones de lingüística general*. Madrid: Gredos, 1981.

CHANTRAINE, P. *Dictionnaire étymologique de la langue grecque. Histoire de mots*. v. 5. Paris Klincksieck, 1968-1980.

Deleuze, Gilles. *L´Abécédaire de Gilles Deleuze*. Paris: Editions Montparnasse, 1997. (Entrevista em vídeo com Claire Parnet).

ERNOUT, A.; MEILLET, A. *Dictionnaire étymologique de la langue latine*. Paris: Klincksieck, 1979.

FERNÁNDEZ-GALIANO, M. *La transcripción de los nombres propios griegos al castellano*. Madrid: SEEC, 1969.

GAFFIOT, F. *Dictionnaire Illustré Latin-Français*. Paris: Hachette, 1979.

GUTIÉRREZ ORDÓÑEZ, S. *Introducción a la semántica funcional*. Madrid: Síntesis, 1992.

HOUAISS, A.; VILLAR, M. *Dicionário Houaiss da língua portuguesa*. Rio de Janeiro: Objetiva, 2001.

JULIÁ, V.; VIGO, A. *Guía para una aproximación al griego filosófico*. Buenos Aires: Oficina de Publicaciones de la Facultad de Filosofía y Letras, Universidad de Buenos Aires, 1987.

LAPESA, R. *Historia de la lengua española*. Madrid: Gredos, 1981, 9. ed.

LEWIS, CH.; SHORT, CH. *A latin Dictionary*. Oxford: Clarendon Press, 1951.

LIDDELL, H. G.; SCOTT, R.; JONES, H. S. *A Greek-English Lexicon*. Oxford: Oxford University Press, 1968.

LOCKWOOD, W. *Filología indoeuropea*. Buenos Aires: Eudeba, 1977.

MASCIALINO, L. *Seminario de semántica y etimología griegas*. Buenos Aires: Facultad de Filosofía y Letras, Universidad de Buenos Aires, 1985-1986 (inédito).

MEILLET, A. *Introduction a l'étude comparative des langues indo-europeennes*. Paris: Hachette, 1922.

MOLINER, M. *Diccionario de uso del español*. 2v. Madrid: Gredos, 1983.

MURACHCO, H. G. *Língua grega: visão semântica, lógica, orgânica e funcional*. Petrópolis: Vozes, 2001, v. 1-2.

PISANI, V. *Glottologia indeuropea*. Torino: Rosenberg & Sellier, 1947.

POKORNY, J. *Indogermanisches etymologisches Wörterbuch*. Bern: Franke Verlag, 1949.

REAL ACADEMIA ESPAÑOLA. *Diccionario de la lengua española*. Madrid: Espasa-Calpe, 1984.

RUBIÓ FERNÁNDEZ, C.; GONZÁLEZ ROLÁN, T. *Gramática latina*. Madrid: Coloquio, 1984.

SARAIVA, F.R.S. *Dicionário latino-português*. Rio de Janeiro: Livraria Garnier, 1993.

SAUSSURE, F. *Curso de lingüística general*. Traducción, prólogo y notas de Amado Alonso. Losada, Bs. As. 29. VI. 1973 [Trad. Port.: *Curso de lingüística geral*. São Paulo: Cultrix, 1977] (para aprofundar-se nesta obra básica da lingüística moderna indica-se consultar à conhecida edição crítica: SAUSSURE, Ferdinand de. *Cours de linguistique générale*. Preparada por Tullio de Mauro. Paris: Payot 1994 [1. ed. en italiano 1967, Laterza], que considera, por exemplo, tanto a principal obra da filologia sausuriana, R. Godel, *Les sources manuscrites du Cours de linguistique générale de F. de S.* Ginebra-París, 1957, reimpressa em 1969, como também a edição crítica do *Cours* preparada por R. Engler, Wiesbaden 1967 y ss., que compila todo o material de notas autobiográficas de lingüística geral e as notas de estudantes que assistiram ao *Curso*).

SCHWYZER, E. *Griechische Grammatik*. I. München: Verlag CH Beck, 1968.

VILLAR, A. *Lenguas y pueblos indoeuropeos*. Madrid: Istmo, 1971.

VILLAR, A. *Los indoeuropeos y los orígenes de Europa*. Madrid: Gredos, 1996.

ÍNDICES

Observações para a ordenação

Seguem três índices de termos: em português, latinos e gregos. Neles, o número indica parágrafo e observação correspondentes, e não página. Se se trata de uma observação, é indicado o número do parágrafo e, separado por um ponto, o número da observação.

Os termos aos quais se dedicou um parágrafo e o número em que o parágrafo se encontra tratado com mais detalhe aparecem em negrito.

No caso dos índices de termos latinos e gregos, os substantivos e adjetivos aparecem indicados no caso nominativo singular, exceto quando, no parágrafo, considerou-se alguma peculiaridade de outro caso, ou número da flexão. Os verbos, por sua vez, podem aparecer no infinitivo ou em primeira pessoa do singular do presente do indicativo – como é mais freqüente –. Cf. Nota sobre a transliteração, página 31.

A ordenação alfabética dos termos gregos não respeita o critério alfabético originário da língua, mas se ajusta ao ordenamento dos termos transliterados. Assim, para dar conta dos termos que começam por vogal com espírito áspero, se transliteram com 'h' inicial, e aparecem no índice na letra 'h' e não na ordem de sua vogal inicial originária. Por exemplo, *hetaîros*, transliteração do grego ἑταῖρος, aparece ordenado no 'h' e não no 'e'.

I - ÍNDICE DE TERMOS EM PORTUGUÊS

atividade § 96
ato § 96.2
atribuir § 131.1
átrio § 97
atuar § 104
áugure § 52.1
aula § 54.3; § 55; § 68; § 97
autobiografia § 88.1
autodidata § 80
automóvel § 24.1
autor § 52.1
auxiliar § 52
avaliação § 111
avaliar § 111
ajudar § 51; § 53
bacharel § 34
base § 100.1
beber § 1
beleza § 4.1
bibliografia § 64.2
biblioteca § 64
bibliotecário § 64.2
biologia § 87
blasfêmia § 40.2
borra § 106
borrador § 106

bosque § 73.1
brilhante § 11.1
cacofonia § 40.2
caderno § 119
caixa § 47.1
camarada § 49.2
capacidade § 47.1; § 79
capaz § 47.1; § 79; § 79.1; § 141.2
cápsula § 47.1
captor § 140.1
captura § 47.1
carpinteiro § 113.1
carro § 113.1
carreira § 113
carruagem § 113.1
carta § 74; § 81
casamento § 36.2
cátedra § 50
catedrático § 50
causa § 36.5
cativo § 47.1; § 140.1
cavaleiro § 39
célebre § 123
celebridade § 123.1
cenozóico § 87.2

cernir § 135
chefe § 39
ciência § 77
cifra § 136
cidade § 36.5
classe § 39.5; § 110
coagular § 1.1
colher § 125
colaborar § 65.2
colega § 28.1; § 49
colegial § 28
colégio § 28.1; § 49; § 56
colocar § 64; § 100
combate § 116
combater § 116; § 117
começar § 9; § 56.1
comer § 1; § 25.8
companheiro § 49.1
companhia § 54.1
complexo § 6.2
complicar § 6.1
cumplicidade § 77.1
coalhar § 1.1
composição § 74
compreender § 125.3; § 126
conceber § 47.1; § 140

concepção § 140
conduzir § 41; § 95
conferência § 116; § 117
conferir § 117
confessar § 40
confundir § 86.2
congresso § 116
conhecer § 79; § 123; § 124; § 125.3
conhecido § 123
conhecimento § 79; § 122.1; § 122.2
consciência § 77.1
conseguir § 2.4
conservatório § 66
considerar § 45; § 138
consignar § 2.2
constelação § 2.1; § 138
construir § 3
contar § 87
contemplar § 138.2
conter § 18; § 94; § 140
conteúdo § 94
continente § 94
contra § 134
contrário § 134
contubérnio § 49.2
convir § 79
conversar § 61; § 117
copia § 84.2
copista § 84.2
corporação § 56.1
correr § 102.1; § 113
correto § 41.1
corrigir § 41.1
corsário § 113.1
cortesã § 49.2
costume § 49.1

criar § 104.1
crescer § 23; § 85
crescido § 22.2
crença § 35.2; § 137
criação § 1
criança § 1.2; § 24; § *25*; § 47
criar § 1; § 1.1
criatura § 22
crime § 135.4
critério § 132
criticar § 132
cuidadoso § 88
cuidar § 88
cultivo § 78
culto § 57.1
cultura § 1.2; § 25.8; § *78*
cumprir § 112
currículo § 70
cursar § 113
curso § 113
decepção § 47.1
decifrar § 136
decisão § 134.2
declarar § 40
decoroso § 79
degustar § 25.8
deleite § 69
demente § 88.2
demonstrar § 88.2
dentro § 139
departamento § 61
deportar § 90
depredação § 125.1
depredar § 124.1
direita § 17; § 35.4
direito § 42.1; § 49.1; § 131
derramar § 86; § 86.2

descansar § 90
desarmar § 89.2
descarrilar § 113.1
descendência § 22.2
desconhecido § 123.1
desconhecimento § 79
descrição § 82
desdobrar § 6
desenredar § 6
desentranhar § 6
desejo § 91
desertar § 102.2
designar § 2.2
desígnio § 79.2
desistir § 53.1
deslize § 54
desnudar § 89.2
desnudo § 89.2
desprender § 127.1
desterrar § 90
destino § 2.1; § 40.1
destreza § 35.4
destruir § 3
deter-se § 53.2; § 90
determinação § 124.1
dia § 118
diádoco § 35.1
diagnóstico § 124.1
diário § 118
ditador § 39
didática § 79
didático § 79.3
destro § 17; § 35.4
difundir § 86.2
digno § 79
dilapidar § 122.2
direto § 42.1
diretor § 39.2; § 42; § 43

dirigir § 41; § 42; § 56.1
discernir § 135
disciplina § 72
discípulo § 22; § 24; § 72.1
discorrer § 102; § 113.1
discriminar § 135.2
discurso § 87; § 102.1
disseminar § 115.1
desenhar § 2.2; § 84; § 84.2
dissertação § 102
disfasia § 40.2
disposição § 62
distração § 69
diurno § 118
diverso § 59
divertimento § 69
dizer § 110
divisão § 54.2
dobrar § 6; § 6.1
docência § 35; § 35.5
docente § 35; § 35.5
dócil § 35.6
doutor § 35.6
doutrina § 15
documento § 35.6
dogma § 15
dor § 21
dormir § 97.1
dragão § 97.1
duplo § 6.2
dúvida § 85.3
educação § 1; § 1.2; § 25.8; § 46
educando § 27
educar § 1 § 1.1; § 1.2; § 2; § 46; § 79
efusão § 86.2
exemplo § 2

exercício § 18; § 89; § 103; § 104
exercitar § 18
exército § 18; § 54.2
elaborar § 65.2
eleger § 49
elevar-se § 14
eloqüente § 40.1; § 81
elogiar § 130.1
elucidar § 11.1
emancipar § 47.1
emitir § 5.1
empresa § 125.1
enaltecer § 22.2
encaminhar § 14
*encontrar § 134
endireitar § 41.1
engendrar § 123
engordar § 1.1
enxame § 11.2
enlaçar § 102.2
enviar § 5
esforço § 54
ensamblar § 3
ensaio § 19; § 19.1
ensino § 79.3
ensinar § 2; § 35; § 35.3; § 72; § 79; § 125.2; § 125.3
entender § 129
entrar § 139
entregar § 117
entrelaçar § 6; § 74
entretenimento § 90
enxertar § 115.2
erguer § 41.1
esboço § 105
escravo § 25
escrever § 84; § 93

escriba § 84.2
escrito § 84.2
escritura § 81
escola § 54
escorrer § 113.1
esforço § 91.2
esfregar § 68
espalhar § 92
espécie § 85.2
especulação § 54
espessar § 1.1
esporte § 90
esposa § 36.2
esquecimento § 80
esquema § 54
esquerda § 17
estabelecimento § 63
estábulo § 53.1
estado § 53.3
estagiário § 33
estar § 53.1; § 62
estatueta § 2.2
estilo § 4
estimar § 111
estirpe § 22.2
estratégia § 3.1; § 95
estrato § 3.1
estrela § 138
estrutura § 3
estudante § 26; § 27
estudar § 26; § 91
estudo § 46
eufemismo § 40.2
exame § 109.1; § 112
examinar § 45; § 112; § 138; § 138.2
excelente § 109.1
exceção § 47.1; § 140.1

excremento § 135.3
exigir § 112
existir § 53.1; § 85; § 123
experimentar § 19; § 109
experiência § 19.2; § 79; § 123.2
experto § 79
explicar § 6; § 102
expor § 102
expulsar § 112
estender § 92; § 129.1
fabricar § 104.1
fábula § 40.1
façanha § 79
fácil § 7; § 60; § 92
facilitar § 7;
faculdade § 60
facundo § 40.1
fada § 40.1
fado § 40.1
falar § 40; § 59
fama § 137.1
família § 25.7
famoso § 137.1
fazer § 96; § 104
felicidade § 51.1
ferir § 40.2
figura § 54
filho § 25
filhote § 24; § 25.8
filogênese § 85.2
filosofia § 76; § 127.1
física § *85*
fisiologia § 85.2
fisioterapia § 85.2
fitogeografia § 85.1
fixar § 53.2
flauta § 81

forma § 54
fonação § 40.2
fonema § 40.2
fonética § 40.2
fonte § 36.5
formar § 1; § 2; § 4; § 4.3
formoso § 4.1
fórmula § 48.1
fósforo § 11.2
fracionar § 61
fraternidade § 56.1
fundamento § 100.1
fundir § 86.2
furor § 80
futuro § 85.3
fútil § 86.2
futilidade § 86.2
garoto § 25.8
geografia § 82
geologia § 82.1
gerar § 21; § 123
ginásio § 54.3; § 89.1
ginasta § 89.1
ginástica § 89
ginástico § 89
girar § 6.1
gnosis § 124
gnosticismo § 124.2
golpear § 19.1
governar § 41; § 56.1
gramática § 81; § 84
gravado § 84.2
grêmio § 56
grande § 39.4
guardar § 38; § 66
guiar § 13; § 95
hábil § 79.1
habilidade § 19.2

habituar-se § 89
heterodoxia § 35.2
higiene § 87.4
hipótese § 100.1
história § 83
historiador § 84.2
honradez § 109.1
honrado § 85.3
idioma § 81
ignorar § 133
ignorância § 79
iluminar § 11
ilustrar § 11
imperícia § 19.1
implantar § 115.2
implicar § 6.1
impor § 12
impostor § 12.1
impulso § 96
incapacidade § 25.1
incipiente § 47.1
incrementar § 51
indústria § 3.1
inefável § 40.1
infame § 25.1
infância § 25.1
infante § 25; § 40.1
infanticídio § 25.1
infantil § 25.1
infelicidade § 54
infundir § 86.2
infusão § 86.2
iniciado/iniciação § 9
iniciar § 9
ingerir § 115.2
inquietude § 115.2
inserir § 102.2
insígnia § 2.2

insistir § 53.1
inspetor § 45
instituição § 62
instituto § 62
instruções § 35.6
instruir § 1; § 2; § 3
insurgente § 41.1
intenção § 129.1
interesse § 92
intenção § 92; § 129.1
introduzir § 139
intuir § 141
investigação § 83; § 87
ir § 9
irmandade § 49.2
isolado § 44
jejum § 27.8
jogo § 25.8; § 39.3; § 54.1; § 91.2
jornada § 118
jornal § 118.1
juiz § 131; § 132
juízo § 124.1; § 132.1
julgar § 109; § 131
juntar-se § 116
justiça § 131.1
justo § 131.1
laboratório § 63
labor § 65
laborioso § 65.2
lamber § 81
lançar § 40.2; § 99; § 108
lançar § 5
lapidar § 122.2
lapidário § 122.2
lápis § 122
lastimar § 40.2
lei § 57

leitura § 110
lenha § 70.1
ler § 110
letra § 81
levar § 90; § 117
leviano § 86.2
lição § 110
libelo § 121.1
liberdade § 25.7
liceu § 59
linear § 84.1
língua § 81
livre § 25.7; § 54
livro § 64; § 121
literatura § 81
logógrafo § 84.2
loucura § 80; § 88
lúcido § 11.1
Lúcifer § 11.2
lúdico § 39.3
luminoso § 11.1
luta § 57.3
luz § 11 24
madeira § 73.1
madrasta § 36.1
mãe § 36; § 36.1
mestra § 39.2
mestre § 35.6; § 39; § 40; § 79.3; § 81; 84
magistério § 39.6
magistrado § 39.2; § 39.6
mania § 88
maníaco § 88
manicômio § 88
manipular § 75
maravilhoso § 79
marca § 2; § 63
marcar § 84

marchar § 9
marfim § 36.3
mais § 39
matemática § 80; § 123.2
matéria § 4; § 36.5; § 73
material § 36.5; § 73
maternidade § 36.2
materno § 36.3
matrícula § 36.4
matriz § 36.4
matrimônio § 36.2
maiêutica § 36.1
mediador § 8
mediar § 8
medida § 880.1
medir § 112
megafone § 39.4
meio § 8
melhor § 39
memória § 80
mênade § 88
menor § 30
menos § 46
mente § 88.2
mentir/mentiroso § 12.1; § 88.2
mês § 80.1
mesa § 80.1
mesmo § 22.1
mesozóico § 87.2
mesurado § 80.1
metrópole § 36.5
micróbio § 87.1
milagre § 79; § 79.2
mínimo § 30.1
ministério § 3.1
ministro § 39.1; § 48
mirar § 45
missa § 5.2

missão § 5.2
míssil § 5.2
mistério § 48.2
mnêmico § 88
mnemotécnica § 88
modelar § 4
modesto § 80.1
moeda § 88.2
molde § 4.1
monstro § 88.2
morder § 36.1
morrer § 14.2
mostrar § 87.2
móvel § 22.1
movimento § 96
mudo § 81
multidão § 112
múltiplo § 6.2
município § 47.1
musa § 87
museo § 67
música § 80; § 88
nascer § 123; § 124
narrar § 87
natureza § 85
necromancia § 88
nefasto § 79.1
negócio § 51
neófito § 85.2
nenê § 25.5
nobre § 123
noção § 124
nome § 123; § 124
notícia § 123.1
notificar § 123.1
nutrir § 1.1; § 36
óbice § 108.1
observar § 42; § 66; § 138.2

obstinar § 53.2
obstruir § 3
ocasião § 115.2
ocidente § 14.3
ócio § 54
oculto § 44
oficina § 114
ofender § 40.2
oferenda § 27.1
olvidar § 125.3
opinar § 137
opinião § 35.2; § 79; § 132.2
orientar § 14; § 129
oriente § 14; § 14.3
origem § 14.1; § 36.5
oriundo § 14.1
ortodoxia § 35.2
ouvinte § 29
ouvir § 29
padecimento § 54; § 123.2
pai § 37
paire § 37.3
palavra § 87
paleozóico § 87.2
palestra § 54.3; § 101
pandectas § 35.1
pão § 1.2
papel § 119
papiro § 64.1
paradoxo § 35.2
parente § 49.2
parir § 10.1; § 36.1
parque § 58.1
partidário § 49.2
estagiário § 33
pasta § 120
pasto § 25.8
pastor § 25.8

pátio § 97
pátria § 36.3
patrimônio § 36.2
pátrio § 36.2
pay § 37.3
pedagogia § 46
pedagogo § 46
pedante § 46.2
pedir § 41.1
pedra § 122
peneirar § 135
penetrar § 139
pensar § 130; § 131.1
pentagrama § 84.1
pequeno § 30
perceber § 47.1; § 140.1
percorrer § 113.1
percurso § 70
perdão § 80
perfeitamente § 109.1
pergaminho § 121
perguntar § 112
perícia § 19.1
perigo § 70.1
perito § 19
permanecer § 54.1
permitir § 5.1
perseguir § 2.4
persistir § 53.1
pesar § 112; § 130
peso § 130.1
pintor § 84.2
pintura § 84.2
planejamento § 92
plano § 79.2; § 92
planta § 85.1
poção § 1
poesia § 104.1

palestra § 101
ponderar § 130.1
pôr § 1; § 12; § 64; § 100; § 101; § 107
pornografia § 49.2
possesso § 88
prática § 104
praticar § 89
prazer § 51.1
preceito § 47; § 140.1
preceptor § 47
prefácio § 40.1
prejulgar § 131.1
preparar § 10
presa § 125.1
preso § 125.1
pressa § 91.2
prevalecer § 111
príncipe § 39.4
prisão § 125.1
probabilidade § 109.1
provável § 109.1
provar § 19
probidade § 109.1
problema § 108
probo § 85.3
proclamar § 43
procurar § 10
produzir § 10.1
professar § 16
professor § 16; § 40
professorado § 22.3
produzir § 1; § 36
profundo § 22.2
prognóstico § 124.1
programa § 93
projeto § 92
proletário § 22.2

prolífero § 22.2
prolífico § 22.2
proquestor § 46
prosa § 84
prosseguir § 2.4
prostíbulo § 53.1
prostituta § 49.2
proteger § 141
protetor § 38; § 141.1
protozoário § 87.2
prova § 19; § 19.1; § 109
psicopedagogo § 46
quatro § 119
queda § 14.3
querer § 76
química § 86
rascunho § 106
reanimar-se § 69
receber § 79
recolher § 49
recoletar § 110.1
reconhecer § 40; § 109
recordar § 88; § 88.2
recorrer § 113.1
recreação § 69
recrear § 69
recreio § 69
retificar § 41.1
retilíneo § 84.1
reto § 35.2; § 41.1
reitor § 41; § 42; § 43
recordação § 80
rede § 74.1
redigir § 84
reforço § 51
regente § 41.1
regime § 41.1
região § 41.1

reger § 41.1; § 56.1
registro § 36.4
regra § 41.1; § 62
regulamento § 41.1
regular § 41.1
remeter § 5.1
repousar § 90
representação § 82
resignar § 2.2
resistir § 53.1
restabelecer § 69
restaurar § 69
retratista § 84.2
reunião § 116
reunir § 87; § 110.1; § 117; § 117.1
rei § 39.4; § 41.1
roubar § 88.2
rumo § 113
saber § 77; § 79; § 127; § 129
sábio § 57.1; § 127
sabedoria § 76; § 127.1
saborear § 127
sacerdote § 39
sacristia § 43
sair § 1
sala § 50; § 54; § 55
salário § 79.3
santuário § 44
satisfeito § 94.1
saúde § 87.4
secretário § 44; § 84.2
segredo § 43
seguir § 2; § 2.4
segundo § 2.4
seguro § 63
selecionar § 49
semear § 115

semente § 115
sementeira § 115
seminário § 115
seminarista § 32
senhor § 37
separado § 44
separar § 44; § 61
sequaz § 2.4
seqüência § 2.4
serie § 102.2
sermão § 102.2
servir/servidor § 48; § 53
servos § 25.3
sideral § 138.1
significar § 2.3
signo § 2; § 2.1
simbiose § 87.1
simples § 6.2
sinal § 2; § 2.1
sinédoque § 35.1
sinfonia § 41.2
sino § 2.1
soberbo § 85.3
sociedade § 2.5
sócio § 2.5
socorrer § 113.1
sólido § 63
sopesar § 130
subministrar § 48
sucessor § 35.1
surgir § 41.1
suplicar § 6.1

surpresa § 125.1
tabuinha § 81.1
tarefa § 63
técnica § 80
tela § 74.1
telefone § 41.2
tema § 100.2; § 107
temível § 79.1
templo § 97.2
tender § 129
ter § 54; § 94
terra § 82
terrível § 79.1
tese § 100; § 101
têxtil § 74.1
texto § 74
textura § 74
todo § 35.1
tomar § 47; § 120; § 125
tormento § 54
tornado § 69.1
torno § 66.1
trabalho § 54; § 65; § 75
traduzir § 84
tramar § 74
transcrever § 84
transcorrer § 113.1
transfusão § 86.2
transmitir § 5
transportar § 90
tratado § 75
tratar § 75
traçar § 84

trança § 6
tronco § 36.4
turismo § 67.1
turno § 43.3; § 68; § 68.1
tutor § 38; § 141.1
união § 55.1
universidade § 59
uno § 59
usucapião § 47.1
valente § 111
valer § 111
válido § 111
valorar § 111
vão § 86.2
veemente § 88.2
ver § 38; § 141
verdade § 137
verossimilitude § 109.1
verter § 86
vez § 43.3
vicário § 43.1
vice- § 43
vice-diretor § 43
vice-reitor § 43
vice-versa § 43
vida § 87
vidente § 88
vivente § 87.2
viver § 87.3
vizinho § 49.1
voz § 40.2
Zeus § 37.2; § 75.2; § 86.3
zoófito § 85.1
zoologia § 87.2

II - ÍNDICE DE TERMOS LATINOS

aboleo § 22.2
aborior § 14.2
abortus § 14.2
acceptare § 47.1
accipere § 47.1; § 140.1
acer § 36.3
acernus § 36.2
acta § 96.2
actio § 96
activitas § 96
activus § 96
actum § 96.2
addenda § 25.1
adiudicare § 132.1
adiutare § 51
adiuvare § 51
administrare § 39.1
admittere § 5.1
adulescens § 25
adolescere § 23
adultus § 23
affabilis § 40.1
agenda § 27.1
agere § 96
agilis § 96.2
ago § 112

alere § 22; § 23
alescere § 23
alimentum § 22
alchimia § 86.1
altus § 22.2
alumnus § 22; § 24; § 125
ambo § 115.1
anticipare § 45.1; § 140.1
arceo § 18
area § 70
assertio § 102.2
assignatio § 71
assigno § 71
assimilare § 128
assistere § 51
astella § 114
astellarium § 114
astulla § 114
atrium § 97.2
attendere § 129.1
auctor § 51.1
augeo § 51.1
augur § 51.1
aula § 97
auxulium § 51; § 51.1
binion § 119

capacitas § 47.1
capax § 47.1; § 140.2
capere § 47.1; § 140
capsa § 47.1
capsula § 47.1
captivus § 47.1; § 140.1
captor § 140.1
captura § 47.1
carpentarius § 113.1
carpo § 120
carraria § 113.1
carrus § 113.1
cerno § 44; § 132.1; § 135
cognitio § 123.1
cognoscere § 123
collaboro § 62
collega § 49
collegium § 49; § 56.2
comedere § 1
complez § 6.2
complicare § 6.1
concipere § 47.1; § 140
confero § 117
congredior § 116
congressus § 116
conscientia § 77.1

conservare § 66
considerare § 138
construere § 3
consuetudo § 49.1
contemplare § 138.2
contentus § 94.1
contextus § 74.1
contra § 134
contrarietas § 134.1
contrarius § 134.1
corsarius § 113.1
crimen § 135.4
cultura § 78
cultus § 78
currere § 102.1
curricula § 70.1
curriculum § 70
currus § 113
cursare § 113.1
cursus § 113
data § 70.1
datum § 70.1
deceptio § 47.1
decet § 76
decor § 79
deportare § 90
depraedare § 125.1
depraedatio § 125.1
desero § 102.2
destruere § 3
dexter § 17; § 35.4
dicare § 1
dicere § 1; § 24
dignus § 79
dilapido § 122.1
dirigo § 42
discere § 125.2
discernere § 135

disciplina § 72
discipulus § 24
discrimen § 135.2
discurro § 102.1
dissertatio § 102
disseminare § 113.1
diurnum § 11; § 78
docere § 15; § 35; § 35.3; § 35.6; § 79; § 125.2
doctrina § 15
dogma § 15
dolor § 23
dominus § 37
dubius § 85.3
duco § 1; § 13
duo § 85.3
duplex § 6.2
ebur § 36.2
eburnus § 36.2
edere § 1; § 1.1
edoceo § 35.3
educandus § 27
educo (educare) § 1; § 1.1; § 125
educo (educere) § 1
elaboro § 63
elinguis § 81
emancipare § 47.1
emittere § 5.1
equitus § 39
erigo § 40.1
examen § 112
exceptio § 47.1
excipio § 140.1
excrementum § 135.3
exercitare § 18; § 103
exercitus § 18.1
exigo § 112

existere § 53.1
experior § 19
extendere § 129.1
fabula § 40.1
fabulare § 40
facilis § 7; § 60
facilitas § 60
facio § 2.3 7; § 22.2; § 41.1; § 60; § 91; § 96
facultas § 7.1; § 60
facundus § 40.1
fama § 40.1
familia § 25.3; § 36
fari § 25
fateri § 40
fata § 40.1
fatum § 40.1
fero § 117
fio § 85.3
forma § 4.1; § 4.3
formare § 4
formosus § 4.1
fundo § 86.2
futurus § 85.3
genetrix § 36.4
genitor § 37
historia § 83
ignorare § 132.1
illustrare § 11
implicare § 6.1
imponere § 12
impostor § 12.1
imprehensa § 125.1
incipere § 47.1
incipiens § 47.1
incognitus § 123.1
industria § 3.1
inefabilis § 40.1

infamus § 40.1
infans § 40.1; § 25; § 25.1
infantia § 25; § 25.1
infanticidium § 25.1
infantilis § 25.1
initiare § 9
initium § 9
insero § 102.2; § 115.2
insignare § 2
inspector § 45
inspicio § 45
institutio § 62
institutus § 62
instruere § 3
intendere § 129
intuere § 141
ontra § 139
ire § 9
iucundutas § 51.1
iudex § 131
iudicare § 131
ius § 131
iustitia § 131.1
iustus § 131.1
iuvare § 51.1
labor § 54
laboriosus § 65
lapidarius § 122.2
lapido § 122.1
lapis § 122
lectio § 110
lego § 49; § 49.1; § 110; § 110.1
lex § 49.1 § 56
libellatici § 121.1
libellus § 121.1
liber § 121
liberi § 25; § 25.3

libertas § 25.2
ligna § 70.1
lignum § 70.1
lingo § 81
lingua § 81
littera § 81
litterae § 81
litterator § 81
litteratura § 81
lucere § 11.1
Lucifer § 11.2
ludus § 39; § 39.3
lumen § 20
lustrare § 11
lux § 11
magis § 48
magister § 39; § 39.3; § 48
magisterium § 39.1
magistra § 39.2
magistratus § 39.2
magistrus § 39
mamma § 36.4
mater § 36; § 36.2; § 73
materia § 73
materies § 36.5; § 4
maternus § 36.2
matricula § 36.4
matrimonia § 36.2
matrimonium § 36.2
matrius § 36.2
matrix § 36.4
memini § 88.2
mens § 88.2
mensa § 80.1
mensis § 80.1
mentior § 88.2
minimus § 30.1
minister § 48

ministerium § 39.1
ministrare § 39.1; § 48
minor § 30.1
minus § 39.1; § 48
missa § 5.2
missilis § 5.2
missio § 5.2
mittere § 5
mobilis § 22.1
modestus § 80.1
monere § 88.2
monstrum § 88.2
mos § 49.1
multiplex § 6.2
municipium § 47.1
mysterium § 48.2
nascere § 123
negotium § 54
nobilis § 123
nomen § 123
noscere § 123
notefacio § 123.1
notio § 123.1
notitia § 123.1
nudus § 89.2
observare § 66.1
obstruere § 3
offerenda § 27.1
opinatus § 139.1
opinio § 139
oriens § 14
prigo § 14.1
oriri § 14
oriundus § 14.1
otium § 53
panis § 1.2
parens § 36
parere § 10

parire § 10.1
parvulus § 30
passare § 33
pasto § 25.6
pastor § 25.6
pater § 25.3; § 36; § 36.2; § 37
pateres § 37.1
patrimonium § 36.2
patrius § 36.2
pendere § 130
penetrare § 139
pensare § 130
percipere § 140.1
periculum § 69.1
peritus § 19
petra § 122.1
planus § 91
plecto § 6
plico § 6
pondus § 130.1
ponere § 12; § 101
portare § 90
potio § 1
poto § 1
praeceptor § 47
praeceptus § 140.1
praecipere § 47
praefatio § 40.1
praeiudico § 131.1
praetextus § 74.1
prehendere § 125; § 126
prehensio § 125.1
prensus § 125.1
princeps § 48.1
probabilis § 109.1
probabilitas § 109.1
probare § 109
probatio § 109.1

probatus § 109.1
probe § 109.1
probitas § 109.1
probus § 85.3
professor § 40
profitari § 40
pullus § 25.6
prehensio § 125.1
prensus § 125.1
proquaestor § 43
proles § 22.2
proletarius § 22.2
promittere § 5.1
puella § 25.6
puer § 24; § 25; § 25.6
quaterni § 119
quattuor § 119
recreare § 68
rego § 39; § 40
regula § 40.1
remittere § 5.1
res publica § 25.2
rex § 41.1
rogo § 41.1
sapere § 126
sapientia § 126
satio § 115.2
schola § 54
scientia § 77
scire § 77
secerno § 44
secretarius § 44
secretus § 44
secta § 2.4
secundus § 2.4
semen § 115
sementis § 115.1
seminare § 115.1

seminarius § 115
senion § 119
sententia § 2.4
sequax § 2.4
sequentia § 2.4
sequor § 2.4
series § 102.2
sermo § 102.2
sero § 102; § 115.2
servare § 66
servi § 25.3
sidus § 138
sigillum § 2.2
sigla § 2.2
signatio § 2.2
significare § 2.3
signum § 2
simplex § 6.2
sinister § 17
societas § 2.5
socius § 2.5
stabilis § 53.1; § 63
stare § 53.1; § 63
stratum § 3.1
structura § 3
struere § 3
studere § 91
studiare § 91
superbus § 85.3
suplicare § 6.1
surgo § 41.1
tela § 74.1
templum § 138.2
tendere § 129
tenere § 94
texere § 74
textilis § 74.1
tornare § 69

tornus § 69.1
tractatus § 75
tracto § 75
transmittere § 5
tripalium § 54
tueor § 38; § 141
tutor § 38; § 141.1

usucapio § 47.1
valeo § 111
valor § 111
Vesta § 36
vicarius § 43.1
vice § 43; § 43.3
vicem § 43

vicequaestor § 43
viceversa § 43.2
vicis § 43.3
vita § 84.3
vivere § 87.3
vix § 43
volumen § 119; § 121.1

III - ÍNDICE DE TERMOS GRIEGOS[14]

adaémon § 79
adaemoníe § 79
adaés § 79
agogós § 46
ágraulos § 55.1
amnesía § 80
amphí § 89.1
anamantháno § 125.2
antígraphe § 84
antígraphon § 84.2
apaideusía § 22
ápastos § 25.6
árkhein § 56.1
aulé § 55; § 55.1
aúleios § 55.1
aulízomai § 55.1
autós § 22.1
autodaés § 79
bállo § 40.2; § 108
bibliographía § 64.2

bibliógraphos § 84.2
bibliophýlaks § 64.2
bibliothéke § 64
bíblos § 64
bíos § 87
blasphemeo § 40.2
blasphemía § 40.2
býblinos § 64.1
daémon § 79
daemosýne § 79
dékhomai § 35.1; § 79
deinós § 79.1
dékto § 79
Deméter § 36.1
dénea § 79.2
déneos § 79.2
diágnosis § 124.1
diádokhos § 35.1
dídagma § 79.3
didagmosýne § 79

didaktikós § 79.3
didaktós § 79.3
dídaktra § 79.3
didaskalía § 79.3
didaskalikós § 78.3
didaskálion § 54.3; § 79.3
didáskalos § 54.3; § 79.3
didáskein § 1.2; § 35.3; § 80; § 79
dídaksis § 79.3
diphthéra § 81
dógma § 35.2
dokéo § 35.2
dóksa § 35.2; § 79; § 132.2; § 137
doksastés § 132.2
drákaulos § 55.1
drákon § 55.1
ekdidáskein § 35.3
ekmanthánein § 125.2

---

[14] Os termos gregos foram transliterados ao alfabeto latino segundo a versão das Normas de transliteração de palavras do grego antigo para o alfabeto latino da Sociedade Brasileira de Estudos Clássicos, na versão oferecida por Murachco, H. *língua grega: visão semântica, lógica, orgânica e funcional*. Vol. I. São Paulo-Petrópolis, RJ: Discurso, Vozes, 2001, p. 40-2 (N. da T.).

eikonógraphos § 84.2
énaulos § 55.1
éngraphos § 84.2
enkomiógraphos § 84.2
épaulos § 55.1
epistolagráphos § 83.2
étes § 46.2
ethográphos § 84.2
euphemía § 40.2
euthýgrammos § 84.1
gameté § 49.2
gámos § 49.2
gê § 82
gígnesthai § 123
gignóskein § 123; § 124
gnósis § 124
glôtta § 81
grámma § 81; § 82; § 93
grammateús § 84
grammatiké § 81
grammatikós § 81; § 84
grammikós § 84.1
graphé § 84.2; § 87.1
gráphein § 82; § 84; § 93
grapheús § 84.2
graphía § 82
gymnasía § 89
gymnásion § 89
gymnastés § 89
gymnastiké § 89
gymnastikós § 89
gymnázo § 89
gymnô § 89.2
gymnós § 89.2
hetaîra § 49.2
hetaireía § 49.2; § 56.1
hetaîros § 49.2
hetairótes § 46.2

héteros § 35.2
historía § 83
historiográphos § 84.2
homaulía § 52.1
hygieinón § 87.4
hýle § 73
hypóthesis § 100
kainós § 87.2
katamanthánein § 125.2
kathédra § 51
khéo § 86
klépto § 88
komeîn § 88
krínein § 132
krités § 132
légo § 87; § 110.1
logógraphos § 84.2
lógos § 46; § 87
maîa § 36.1
maieío § 36.1
mainás § 88
maínomai § 88
mámme § 36.1
manía § 80; § 88
mántis § 88
manthánein § 125.2
máthe § 123.2
máthema § 80; § 123.2
mathematiké § 123
máthesis § 123.2
masáomai § 36.1
mégas § 39.4
mésos § 87.2
metagráphein § 84
metamanthánein § 125.2
metér § 36.1
metrís § 36.1; § 36.2
metriné § 36.1

métron § 36.3; § 80.1
metrôos § 36.1
metrópolis § 36.5
mikrós § 87.1
mimnésko § 88
mnéme § 80
mnémon § 88
monaulía § 55.1
mónos § 55.1
morphé § 4.2
Morphó § 4.2
moûsa § 88
néos § 85.2
ónoma § 124
orégein § 42.2
óreksis § 42.2
orthós § 35.2
paidagogía § 46
paidagogós § 46
paideía § 1.2; § 46
paideúein § 1.1; § 46
paidiá § 25.6; § 54.1; § 91.2
paidíon § 25.6
paîs § 1.2; § 24; § 46
paízo § 26.6
palaístra § 54.3
palaiós § 89.2
pále § 54.3
pân § 35.1
páomai § 25.6
pará § 35.2
patéomai § 25.6
páthos § 123.2
patér § 1.2; § 25.6
patrís § 36.2
peîra § 19.1
peíro § 19.1
pentégrammos § 84.1

phemí § 40.2
phileîn § 76
philosophía § 127.1
philósophos § 76
phoné § 3; § 40.2
phóros § 11.2
phôs § 11.2
phósphoros § 11.2
phýlon § 85.2
phýo § 85
physiké § 85
phýsis § 85
phytón § 85.1
poieîn § 104.1

poimén § 25.6
pólis § 36.5
pôlos § 24; § 25.6
pónos § 54
práttein § 104
práksis § 104
próblema § 108
prógnosis § 124.1
promanthánein § 125.2
prôtos § 87.2
psykhé § 46
skhêma § 54
skholé § 54
sophía § 75; § 126.1

spoudé § 51.1; § 90.2
synarkhía § 53.1
synaulía § 52.1
syngraphé § 84
tékhne § 80
therapeía § 85.2
théma § 107
thésis § 100
títhemi § 64; § 100; § 107
tórnos § 69.1
tréphein § 1; § 1.2
Zeús § 86.3
zógraphos § 84.2
zôion § 85.1; § 87.2

Qualquer livro do nosso catálogo não encontrado nas livrarias pode ser pedido por carta, fax, telefone ou pela Internet.

✉ Rua Aimorés, 981, 8º andar – Funcionários
Belo Horizonte-MG – CEP 30140-071

📱 Tel: (31) 3222 6819
Fax: (31) 3224 6087
Televendas (gratuito): 0800 2831322

@ vendas@autenticaeditora.com.br
www.autenticaeditora.com.br

Este livro foi composto com tipografia Ottawa, e impresso em papel Off set 75 g. na Formato Artes Gráficas.
Belo Horizonte, novembro de 2007.